商务策划书写作

(第2版)

霍 枫 霍林宽 编著

中国科学技术大学出版社

内容简介

全书分为两部分:"基础篇"全面系统地介绍商务策划书写作的基本知识,包括商务策划书的特点、内容、形式、写作方法与技巧等,面向初学者,着重介绍方法,注重实用性和指导性,讲究规范性;"文案篇"精选数篇国内一流策划师的经典商务策划文案,并按业内习惯进行分类,具有很强的典型性和示范性。本书既可作为商务策划人士、相关从业人员、社会工作者的工具书使用,也可作为大学本科、专科、WBSA 培训的教材。

图书在版编目(CIP)数据

商务策划书写作/霍枫,霍林宽编著.—2 版.—合肥:中国科学技术大学出版社,2012.7
 ISBN 978-7-312-02798-7

Ⅰ.商… Ⅱ.①霍…②霍… Ⅲ.商务—策划—写作 Ⅳ.H152.3

中国版本图书馆 CIP 数据核字(2012)第 022303 号

中国科学技术大学出版社出版发行
安徽省合肥市金寨路 96 号,230026
http://press.ustc.edu.cn
中国科学技术大学印刷厂印刷
全国新华书店经销

开本:710 mm×1000 mm 1/16 印张:14.25 字数:232 千
2003 年 11 月第 1 版 2012 年 7 月第 2 版 2012 年 7 月第 2 次印刷
定价:29.00 元

序言
Preface

本书第1版2003年出版后,受到业内人士的欢迎和肯定,并先后作为一些省(市)自学考试和某些院校"会展策划与管理"专业的指定教材,自出版以来常销不衰,这使著者欣慰之余倍感惶恐和忐忑。原因很简单,既言如何"写作",生怕"放浪"有"隙",误人子弟。所以,自出版之日起,即开始关注相关讯息,期望能以更严谨的态度对本书予以修订,当出版社提出这样的建议后,即着手对全书进行梳理和调整,最终形成了现在的文本。

本书分为基础篇和文案篇两部分。"基础篇"面向一般初学者,全面系统地介绍商务策划书写作的基本知识,包括商务策划书的特点、内容、形式、写作方法与技巧等,着重介绍方法,注重实用性和指导性,讲究规范性。"文案篇"按业内习惯进行分类,精选数篇国内一流策划师的经典商务策划文案,涵盖市场营销、广告、品牌推广、网络营销、创业、CI(Corporate Identity,企业视觉形象识别)导入等众多领域,具有很强的典型性和示范性。本书既可作为商务策划人士、相关从业人员、社会工作者的工具书使用,也可作为大学本科、专科、WBSA(World Business Strategist Association,世界商务策划师联合会)以及营销培训的教材。

需要说明的是,对于"基础篇"的内容,此次修订除了对个别概念作了进一步界定,对引文作了相应的调整外,没有太大结构性改动。这是鉴于书中的观点和初版时的学术情况,于今天来说虽有微调,但没有太大出入,作为"教材",唐突改动会无端打乱课堂学习的"链条",对于读者来说是不合适的。而后面的"文案篇",成书时即因时间仓促存有"瑕疵",因此是此次修订的重点。一是所有文案重新作了调整;二是对文案作了常规性分类;三是对所选个别文案的文字作了通篇规范性的润色,期望全书能前后衔接,整体一致,但效果如何,则需要读者检验了。

世界商务策划师联合会轮值主席、WBSA 中国区首席行政长官、著名策划专家史宪文教授,初版时即为本书欣然作序;厦门大学著名学者陈培爱教授、国内著名营销培训专家王家荣、资深学者马宝和先生等也在本书成书时以出色的文案和精当的审核对著者予以支持,在此诚表谢意。

编 者

E-mail:huo5773@163.com

2012 年 2 月于大连

目次
Contents

序言　　＜i

基础篇

第一章　绪论　＜3

一、策划与商务策划书　＜3

二、商务策划书的特点　＜4

（一）鲜明的目的性　＜4

（二）明显的综合性　＜5

（三）严谨的逻辑性　＜5

（四）突出的实践性　＜6

三、提高商务策划书写作能力的途径　＜6

（一）在社会实践中磨砺　＜6

（二）在阅读中感悟　＜8

（三）在练笔中养成　＜8

（四）在修改中完善　＜9

第二章　从占有材料开始　＜11

一、材料与商务策划书　＜11

二、搜集材料　＜12

（一）在日常生活中搜集材料　＜13

（二）在调查研究中搜集材料　　＜14
　　（三）快速搜集和处理新的信息　　＜17

三、分析材料　　＜19

四、筛选材料　　＜20

　　（一）围绕商务策划书的主题筛选材料——体现深化性　　＜20
　　（二）筛选有代表性和说服力的材料——体现典型性　　＜20
　　（三）筛选真实、准确的材料——体现严肃性　　＜21
　　（四）筛选新颖、生动的材料——体现鲜活性　　＜21

五、使用材料　　＜22

　　（一）梳辫子　　＜23
　　（二）分详略　　＜23
　　（三）巧组合　　＜24
　　（四）妙表达　　＜24

第三章　把握主题和写作目的　　＜26

一、主题统领一切　　＜26

　　（一）商务策划书主题的特点　　＜27
　　（二）确定商务策划书主题的原则　　＜28

二、把握写作目的　　＜29

三、站在阅读对象的角度写作　　＜30

　　（一）想对方之所想　　＜30
　　（二）解对方之所忧　　＜31
　　（三）力求行文之流畅　　＜31
　　（四）立足行动之现实　　＜31

第四章　重视谋篇布局　　＜32

一、结构与商务策划书　　＜32

二、商务策划书结构的内容　　＜33

　　（一）层次和段落　　＜33

（二）过渡和照应　　<34
　　（三）开头和结尾　　<35
三、商务策划书结构的原则和要求　　<38
　　（一）商务策划书结构的原则　　<38
　　（二）商务策划书结构的要求　　<39
四、商务策划书的构成要素及应用　　<40
　　（一）商务策划书构成的基本要素　　<40
　　（二）商务策划书写作的基本格式　　<40
　　（三）商务策划书构成要素在写作实践中的应用　　<41

第五章　掌握撰写方法　　<50

一、封面　　<50
　　（一）用文字表现　　<50
　　（二）用美术手法表现　　<51
二、标题　　<52
　　（一）直接表现　　<52
　　（二）间接表现　　<52
三、目录　　<53
　　（一）简单的目录　　<54
　　（二）复杂的目录　　<54
四、策划参与人员与编制时间　　<56
　　（一）策划参与人员　　<56
　　（二）编制时间　　<57
五、委托内容　　<57
六、前言　　<58
七、提要　　<59
八、策划环境　　<60
九、问题点和机会点　　<65
　　（一）作为市场环境分析的一部分　　<65

（二）单独作为一个层次　　<68

十、策划目标　　<68

（一）作为独立层次出现　　<69

（二）在相关层次出现　　<69

十一、市场策略　　<70

（一）项目招商类　　<70

（二）市场营销类　　<72

十二、行动计划　　<73

（一）以直述的方式撰写行动计划　　<74

（二）以列表的形式撰写行动计划　　<76

（三）把行动计划融入相关的市场策略　　<77

十三、策划预算　　<79

（一）作为单独要素撰写　　<79

（二）同行动计划合并撰写　　<80

十四、策划的效果及预测　　<81

（一）把效果与财务预测一起写　　<81

（二）作为单独的层次　　<82

十五、附件　　<83

第六章　成功表达的途径　　<85

一、语言文字的有效运用　　<85

（一）商务策划书语言文字的特点　　<86

（二）商务策划书语言文字运用的原则　　<86

二、科学的表达方式　　<91

（一）叙述　　<91

（二）议论　　<94

（三）说明　　<99

（四）描写　　<105

三、视觉化的表现方法　　<107

　　　　　　(一) 表格　　　　<107
　　　　　　(二) 图形　　　　<109

文案篇

阅读提示　　　　　<121
市场营销类策划书
　　畅游读者俱乐部市场营销策划书　　<123
广告类策划书
　　女儿红酒扩展国内市场广告策划书　　<132
网络营销类策划书
　　卡地亚珠宝企业网络营销策划书　　<149
创业类策划书
　　心理咨询公司创业策划书　　<164
品牌推广类策划书
　　"瘦身男女"品牌整合方案　　<181
CI 导入类策划书
　　闽江工程局(公司)导入 CI 系统策划案　　<195
附录　商务策划书参考案例　　<213

参考文献　　　　<216

基础篇

第一章　绪　　论　<3
第二章　从占有材料开始　<11
第三章　把握主题和写作目的　<26
第四章　重视谋篇布局　<32
第五章　掌握撰写方法　<50
第六章　成功表达的途径　<85

第一章
绪　论

一、策划与商务策划书

　　策划是谋略和对策,是为了达到一定的目标,在调查、分析有关材料的基础上对某项工作或事件进行系统、全面、科学的谋划,制订合理、可行的执行方案,并根据目标要求和环境变化对方案进行修改和调整的一种创造性的社会实践活动。而商务策划书,则是把策划思维用文字或文字加视觉化材料,按照一定写作规律准确而生动地表达出来,以达到说服阅读对象、实现功利目的的一种文体形式。

　　作为一名策划人员,要把策划思维用商务策划书准确、生动地表达出来,并且被接受,是一件很不容易的事。在策划实践活动中,有些策划人员经常有一些很好的策划思维,但是在必须提供商务策划书的情况下,由于对商务策划书的撰写不得要领,使得策划思维不能得到准确而有效的表达。而经常撰写商务策划书的人员,却可能因为商务策划书写得缺少说服力和感染力,在激烈的市场竞争面前无法得到阅读对象的认同和肯定,最后与市场机会失之交臂。因此,写好商务策划书是策划人员一项重要的专业技能,是策划人员在商海中搏击的必备"武器"。

　　说服是商务策划书的本质特征。当策划人员需要把策划思维用商务策划书的形式,全面、准确地告诉阅读对象的时候;当策划思维需要得到批准,但又必须诉诸商务策划书的时候;当策划思维需要提交有关会议讨论,又必须以商务策划书的形式将其表述出来的时候,商务策划书的目的只有一个,就是让阅读对象接受策划思维,让策划思维去征服阅读对象。

说服不等同于策划思维。策划思维,是策划人员关于项目策划的必然性和实现项目资源有效配置的意识活动。这种意识活动,必须要诉诸于客观实践,变成具体的实践活动,否则就毫无价值。在策划思维转化为具体实践活动的过程中,为了生动而卓有成效地对阅读对象思维中的盲点和不确定性进行释疑解惑,引发阅读对象行动的欲望,策划人员就必须运用各方面的知识和表达技巧,对策划思维进行"包装",从而把策划思维"推销"出去,使策划思维真正走上实践之路。这种"包装"的过程,正是策划人员说服能力的运用过程。说服以策划思维为前提,又作用于策划思维。它是策划人员在策划思维的基础上,使策划意识活动从内涵到外延丰满起来的酵母,是使策划思维与客观实践活动对接的黏合剂。正是由于说服的魅力,才使商务策划书在现实与未来之间,成为"掘金者"把握机遇和希望的行动"脚本",成为策划人员赢得市场机会的运作方案。正如日本策划专家高桥宪行所说,"策划书是大地图,它引导你在茫茫大海上航行时找到正确的航向。"

二、商务策划书的特点

商务策划书属于应用写作的范畴,主要有以下几个特点:

(一) 鲜明的目的性

策划的目的,是为了使现实、策划思维和未来三点一线。从某种意义上说,商务策划书是使这一切变成现实的桥梁和纽带。因此,商务策划书的撰写,就必须有的放矢。没有明确的写作目的,就没有商务策划书。在写作过程中,撰写者如果不能通过行之有效的方法和技巧,使商务策划书主题鲜明、目的明确,就不能使阅读对象产生关于策划回报的联想和欲望,商务策划书也就失去了存在的意义。世界商务策划师联合会轮值主席史宪文教授在论及策划决策文件的撰写时说,

"一个决策文件一般要说明'将要干什么'、'为什么要干这些'或'干这些的意义'、'怎么干'、'谁来干'、'什么时候干完'。"（史宪文《OK策划决策模式》）这段话也从另一个方面强调了商务策划书必须鲜明地表现出撰写者的主观意图。鲜明的目的性，来源于商务策划书写作的功利性特质，制约着策划思维表达的全过程，决定了商务策划书存在的价值。

（二）明显的综合性

商务策划几乎包含了经济生活的各个领域，其知识体系的运用，除了与策划项目相关的专业理论，还可能涉及自然科学、社会科学等多方面的内容。这些知识和内容，必然要在商务策划书中有所反映。商务策划书的写作，实际上是多种知识体系的综合应用过程。时代越进步，经济与文化的相融，就越胶着深入。激荡的现实强烈地呼唤着"经济文化"、"商品文化"。商务策划书也必须加大文化的包容量与穿透力。在写作过程中，只有把相关的专业理论同自然科学、社会科学等方面的内容紧密结合，去开掘一种大气的边缘性、交叉性和渗透性，展示项目策划及商务策划书写作的文化魅力，才能使之厚重透彻。商务策划书的综合性特点，在很大程度上是检验策划人员的知识素养、区分商务策划书水平层次的标准。在《OK策划决策模式》里，史宪文教授认为，一个成熟的商务策划师的知识结构，至少应该具有八个方面的基础，即哲学知识、商务概念、社会结构知识、行业结构知识、法律与政策知识、项目分析技术、经营管理技术、区域市场知识。所以，作为一名策划人员，除了要掌握一定的专业知识，还必须博学多识，不断提高综合素质和实践能力，努力使自己成为策划业所需的智者。只有这样，才能在商务策划书的写作中左右逢源，真正做到厚积薄发。

（三）严谨的逻辑性

与其他文体相比，以说服为己任、带有明显功利目的的商务策划书，对于逻辑思维的规律有着更强的依赖性。撰写者正是在对策划思维进行严密的、多侧面的逻辑展示中，实现了说服的目的。有句话说，"最好的商务策划书即使不用语言补充，也能立刻了解其内容。"其中的关键因素，就是逻辑思维的规律起了作用。逻辑思维的规律像一只无形的手，推动着商务策划书的写作向成功迈进。具体写作过程中,同一律使商务策划书的表达周延、准确;矛盾律使商务策划书的内容贯通一致;排中律使策划的目标不模棱两可;充足理由律使策划主题的阐述有了正确的依据。商务策划书严谨的逻辑表达,在充分反映事物发展内在规律的同时,客观上也为商务策划书的写作带来了简洁明快、易读易懂的效果。

(四) 突出的实践性

商务策划书与一般应用文体的区别在于,它因为要达到一定的功利目的而去说服,因为要行动而去部署谋划,闪耀在商务策划书字里行间的是实实在在的实践之光。没有实践意义的商务策划书,不能谓之商务策划书。作为商务活动中的有价工具,商务策划书这种实践性的特点,集中表现在商务策划书所具有的"卖点"上。冯建民先生在《营销策划训练营》中说,"策划书也是一种'商品',既然是商品,当然就应该有'卖点',即读者最想了解和知道的内容、诱人的广告词,或者独特的魅力。只有如此,'商品'才愈显得生动活泼,才更容易向决策者推销。"实践性的特点,主要体现在商务策划书较高的实用价值上。

三、提高商务策划书写作能力的途径

(一) 在社会实践中磨砺

策划思维来源于社会实践,又最终作用于社会实践。没有社会实践的土壤,就没有策划思维。同样,如果策划思维来源于社会实践,却缺少对于社会实践活动的指导意义,这样的策划思维也毫无价值。毛泽东在《实践论》中说,"无论何人要认识什么事物,除了同那个事物接触,即生活于(实践于)那个事物的环境中,是没有法子解决的。"作为由策划思维到策划实践的"文字模型",从本质上讲,商务策划书不是写出来的,而是知行转换、谋划体悟出来的。所以,对于策划人员来说,如果忽略了社会实践活动的锻炼,不能把书本上学到的知识同社会实践相结合,并且在社会实践中不断总结和升华,就不会产生科学的策划思维,写出的商务策划书也只能是"空中楼阁"或者"纸上谈兵",对于策划实践不会有任何指导意义。历数中外杰出的策划大师,无一不是在波澜壮阔的社会实践活动的大潮里成就自己的事业的。

一般来说,策划人员都具有很高的学历,专业知识对于商务策划书的写作固然十分重要,但也仅仅为撰写商务策划书打下了一定的专业理论基础。特别是随着市场经济的发展,商务策划被赋予越来越多的实践内涵,策划活动的空间几乎涵盖了经济生活的各个领域,商务策划涉及到的知识也不断向更广阔的政治、经济、文化、社会等方面扩展。因此,策划人员必须把社会实践活动当作继续教育的课堂,在经济活动和社会生活的各个领域,重新去学习和探索,使自己的综合素质和实践能力不断适应社会发展的客观需要。在策划实践中,我们经常评价某份商务策划书没有说服力或不切实际,其中,专业知识的表现不尽人意只是一方面,恰恰是那些极具弹性的、与社会实践活动相关的非专业内容(例如行业和社会背景材料等)的不足,损害了商务策划书的价值。著名的王志纲工作室提出的原创思维图标,如图1.1所示,很能说明这个问题。

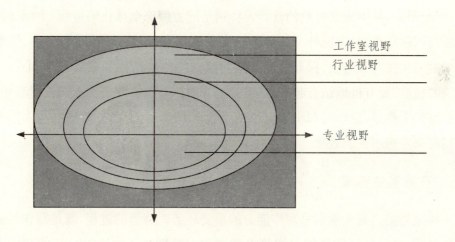

图 1.1 原创思维图标

这个图标启示我们,要想使商务策划书表现的策划思维纵横捭阖,就必须"跳出行业和专业视野分析问题、整合资源、实现超越。"(王志纲工作室)所以,面对错综复杂的经济和社会实践活动,策划人员必须坚持理论联系实际的原则,关注社会、关注生活,使策划思维真正与时代发展的脉搏合拍,这是优秀商务策划书产生的前提条件。

(二)在阅读中感悟

"读书破万卷,下笔如有神",书籍是前人实践经验的总结,是人类文化的结晶。对于策划人员来说,在投身社会实践活动的同时,经常阅读各种有益的书籍,在知识的海洋里广吸博纳,是不断提高写作能力、培养策划业所需的灵性和悟性所必不可少的日常生活内容。前面说过,商务策划书的写作是多种知识体系的综合应用过程。例如,在营销类的商务策划书写作中,撰写者不但需要具备营销学的专业知识,还必须了解统计学、会计学等相关学科的知识和原理,掌握与策划项目相关的社会、经济、政治等背景情况。这就需要撰写者广泛阅读各种有用的书籍,用丰富的知识和智慧武装自己,惟其如此,才可能在强手如林的竞争中脱颖而出。阅读的一个普遍规律是,首先要"泛览"。"泛览"是说要博采百家、拓宽眼界、积累知识。鲁迅先生在《读书杂谈》中告诫青年作者,"大可以看看各样的书,即使和本业毫不相干的,也要泛览。"其次要"精读"。"精读"是说对名篇范例要反复揣摩、用心研究,从中汲取有益的营养。特别是随着经济全球化的进程,中国经济正逐步与国际接轨,对于国外一些优秀的商务策划书,更要认真研读、学习、借鉴其科学的写作技巧和方法,探寻蕴涵其间的独到的创新精神和策划思维方式。"泛览"和"精读"要有机地结合起来,偏重哪一方面都会贻害无穷。在阅读过程中,如果能够勤于笔录,使学习和积累有机地结合起来,将会为商务策划书写作能力的提高带来意想不到的效果。

(三)在练笔中养成

练笔是提高商务策划书写作能力的重要环节。练笔的过程,既是写作经验积累的过程,也是良好的思维习惯培养的过程。特别对于刚刚"出道"的初学者来说,更应该乐此不疲、从头做起。一个简单但却十分有效的方法是,当策划思维形成以后,可以参照其他内容相似的优秀商务策划书的大致框架,模仿着将策划思维的内容叙写出来,或者按照其他优秀商务策划书提供的结构思路,把策划思维的脉络主干扼要地勾勒出来,然后再"添枝加叶"、描绘个性。初学者一定要多做这样的练习,这样,才可能随着写作能力的提高,逐渐向深层次发展。其实,即使经常撰写商务策划书的策划人员,面对新项目、新领域以及由此带来的新情况、新问题,也有一个重新学习和如何准确、生动地表达的问题,也需要养成练笔的习惯。练笔需要坚韧不拔的韧性和战胜困难的勇气。要想写出优秀的商务策划书,撰写者就必须排除一切诱惑和干扰,发扬"钉子"精神,挤时间练笔。"操千曲而后晓声,观千剑而后识器。"(刘勰《文心雕龙》)只有这样,才能逐步提高商务策划书的写作能力,才能在策划活动的实践中,真正体会到"养兵千日,用兵一时"所带来的成就感。

(四)在修改中完善

不会改就写不好。写作过程中的反复修改,是对策划思维再认识、表现形式再抉择的过程。修改在商务策划书的写作中,起着保证总体质量的作用。撰写者要想写出优秀的商务策划书,就必须学会修改。

商务策划书的修改过程,与写作和阅读过程截然不同。商务策划书的写作过程,是从搜集与策划项目相关的材料开始,撰写者根据对材料的研究分析,提炼出商务策划书的主题,最后按照主题表达的需要,选择相应的结构和表达方式。阅读过程则是从商务策划书的语言开始,通过语言来掌握内容,再根据内容了解商务策划书的主题。而修改的过程必须从商务策划书的主题入手,并且根据主题的需要,进行材料的增删、结构的调整和语言的锤炼。

从商务策划书的主题入手,首先要从全局的角度来考虑对商务策划书的修改。要从主题的表达、观点的阐述等关键因素开始,然后斟酌局部的枝节问题,不能本末倒置。在修改过程中,写一句改一句或者拘于字、词、句,往往事倍功半,甚至劳而无功。其次,至少要看两遍。任何文章的写作和修改都不能一蹴而就。商务策划书写完以后,要多看几遍,反复推敲,这样不但可以发现写作中存在的问题,使策划思维的表达更加完善,而且可以加深对商务策划书内容的记忆、理解和认识,以备需要陈述时胸中有数。第三,要一丝不苟,精益求精。修改时,大到对背景材料的说法和认识,小到具体的数字和时间,都必须认真思考和核实,不能有一丝一毫的姑息迁就。"咬文嚼字",对于以说服为己任、带有功利目的的商务策划书来说,其意义尤显重要。细微处的马虎大意,很可能因为阅读对象的"挑剔",导致全局的失败。第四,要虚心听取各方面意见。"不识庐山真面目,只缘身在此山中。"对于自己起草的商务策划书,撰写者往往看不出缺点和毛病,通过向专家和各方面人士征求意见,就会发现很多问题。特别是一些专业性很强的策划项目,更需要请专家帮忙把关、校正。当然,撰写者也要客观地对待各方面提出的意见和建议,不能缺乏主见、人云亦云,不要因为修改的失误,为商务策划书的写作带来遗憾。

商务策划书的修改,应当注意以下几个方面的问题:

(1) 主题的表达。主题模糊不清的,要使之鲜明、突出;平庸、缺少创意的,要使之积极、新颖;没有事实依据的,要使之有据可依;与写作目的相悖的,要使之协调一致;多中心的,要提炼一个中心。

(2) 材料的删改。材料臃肿的,要使之集中、精当;失实或有出入的,要使之翔实、准确;缺少典型性的,要重新筛选;与主题若即若离、可有可无的,要坚决删除。

(3) 结构的梳理。结构层次不清的,要使之眉目清晰;段落安排不科学的,要使之恰当合理;上下衔接缺乏逻辑性的,要使之贯通流畅;疏密不得要领的,要使之匀称有度;该紧缩合并的,要紧缩合并。

(4) 表达方式的调整。表达方式缺少生气的,要使之新颖、活泼;枯燥单一的,要使之多样化;语气、内容与阅读对象不相符的,要使之妥当、贴切。

(5) 语言的推敲。语言笼统含糊的,要使之明晰、准确;怪诞、冷僻的,要使之通俗易懂;啰嗦的改简洁;浮华的改实在。并且要将错字和用错的标点符号逐一修正,等等。

第二章
从占有材料开始

一、材料与商务策划书

商务策划书的材料,是撰写者围绕商务策划书的主题经过搜集、整理并写入商务策划书中,以求准确、生动地表现策划思维的一系列事实或依据。商务策划书的写作,同任何文章的写作一样,必须首先占有材料。

材料决定着商务策划书主题的形成。"夫立言之要,在于有物。"(章学诚《文史通义》)没有"物"作基础,就不能"立言"。作为文章构成的基本要素,材料成了商务策划书主题形成的决定性因素。没有客观材料作基础,就没有商务策划书主题的产生;没有正确的材料作基础,商务策划书也不会有正确的主题。因此,撰写商务策划书必须在材料工作的基础上,凭借客观存在的事实,按照事物发展的内在规律,对大量材料进行科学的分析,才能使商务策划书产生正确的主题。

材料制约着策划思维的表达。策划思维的产生,离不开客观材料的土壤。没有材料提供的客观事实,策划思维就无从谈起,商务策划书的撰写,也只能是一句空话。商务策划书所表达的策划思维,是依托客观材料产生的,因此,材料的真实性和准确性,直接影响着策划思维在商务策划书中表达的正确性。材料使策划思维的表达有了活生生的"血肉",为商务策划书说服力的产生夯实了基础。

二、搜集材料

作为第一步的工作，搜集全面而详细的材料，对于商务策划书的写作十分重要。"巧妇难为无米之炊"，商务策划书对于策划思维的表达，依赖于客观材料。只有在对客观材料观察分析的基础上，才能形成正确的策划思维。因此，必须高度重视材料的搜集工作。只有材料的搜集工作做好了，才能谈得上对材料的分析、筛选和使用，商务策划书对于策划思维的表达，也才有了依据。搜集材料，是商务策划书写作的前提工作。

商务策划书对于经济活动的反映，常常包括许多方面的知识和内容，因此材料的搜集要务求其多。既要全面地搜集材料，防止以个别代替一般，以局部代替整体，以主观说教代替客观事实，又要历史地搜集材料，弄清事物的发展轨迹，项目的来龙去脉，在过去、现在、未来的发展链条中去完善策划思维；既要搜集正面的、成功的材料，又要搜集反面的、失败的材料；既要搜集直接的、有关的材料，又要搜集间接的、相关的材料；既要搜集文献上的理性材料，又要搜集实践中的感性材料。一句话，只要是有用、有价值的材料，就应该搜集起来，为未来的写作活动提供丰富的资源储备。

搜集材料，需要策划人员腿勤、手勤，付出艰辛的劳动。有些材料不是随手可得的，只有腿勤，不辞辛苦，才能有所收获。著名策划人叶茂中先生在总结一个策划项目时说，"跟诸位露个底，其实叶茂中对什么建筑材料半窍都不通，但是我这个人吧，特别喜欢逞能，说得好听点就是勇于接受挑战。但我这人笨，太多东西都不懂，所以只能勤跑，腿跑勤了，脑袋才能吃饱，吃饱了就能干出好活来。"（叶茂中《叶茂中谈策划》）这段话形象地阐述了腿勤对于材料搜集工作的重要性。手勤也十分重要。"人的记忆力再好，容量总是有限的。单凭记忆的材料，常常是不精确、不可靠的。要勤于动手，随时把找到的材料记在本子里或卡片上。这样做，有时感到很费事，但当用着的时候，却感到很方便、很省事。"（章竟《写作论坛·材料篇》）当然，手勤更多的是解决材料的质量问题。

材料的搜集,是非常艰苦的工作。叶先生在同一本书里有过这样的描述,"接下来的几天,小组成员兵分两路,一路直奔北京图书馆和相关机构,收集行业相关的二手资料;一路直杀北京市几处建材装饰市场,进行经销商深度访谈。随着文字资料在逐步增高,小姐们的脸色日渐憔悴,先生们的灰尘和汗渍混在一起,使得衬衫的重量在增加。几天昏天黑地的忙碌,换来了高达2尺(1尺=0.33米)厚的资料。"有人说,材料的搜集等于辛勤的汗水加顽强的意志,由此可见一斑。

搜集材料的途径,有以下几个方面:

(一) 在日常生活中搜集材料

社会生活丰富多彩,瞬息万变。策划人员要想跟上时代发展的步伐,就必须投身到社会生活的浪潮中去,在日常的生活实践中,广泛地搜集和积累各种有用的第一手材料。史宪文教授在论及策划人员的内在素质时说,"他们非常愿意参与,在任何场合都会发现有价值的谈论。职业的需要,他们什么信息都会在大脑中停留一段。有些天生记忆力不好的,会笔记本不离手,若听人一席谈,受益多多的话,与客人分手后第一重要的事就是回忆刚刚听到的内容,并记录在案。"(史宪文《OK策划决策模式》)策划人员应当是生活实践中的有心人,应当养成随时搜集、积累各种材料的良好习惯。

在日常生活中搜集材料,通常有以下几个渠道:

(1) 从书籍、报刊上搜集材料。书籍、报刊蕴涵了丰富的政治、经济、科学和文化知识,为策划人员把握时代发展的脉搏、掌握现代生活的流行趋势、了解当今科技发展的最新动态、补充学识上的匮乏提供了最好的学习"课堂"。

(2) 从社会交往中搜集材料。与朋友接触和参与社会活动,往往是获取市场信息最快捷的渠道。参加会议、朋友相聚、互通电话、出差旅行,只要做有心人,都有可能为策划人员带来意想不到的收获。

(3) 从文件、资料上搜集材料。文件资料政策性比较强,反映的问题比较真实,一般具有宏观指导性。留心这些文件、资料,有利于策划人员了解宏观形势和微观情况。

(4) 从日常生活的观察中积累材料。对于策划人员来说,无论将来是否要做某项策划,对于随时进入视觉和感官的市场现象,都应当留心体味和观察。特别是网络、电视等传播媒介,已经成了现代社会信息传播的主要手段,对传播媒介的关注应当成为策划人员日常生活中必不可少的内容。

在日常生活实践中,对于方方面面材料的搜集和积累,拓宽了策划人员的眼界,丰富了策划人员的知识底蕴,为策划思维的完美表达提供了充足的思想储备,潜移默化地"滋养"着策划人员的综合实践能力。

(二) 在调查研究中搜集材料

调查研究是指运用科学的方法,通过各种途径和手段,有计划、有目的地搜集、记录、整理、分析某一问题或现象的历史和现状,预测其发展变化的趋势,为科学决策提供依据。调查研究,是商务策划书写作的成事之基、谋事之道。在搜集的大量材料基础上的调查研究,直接制约着策划人员对项目的理解和认识,制约着商务策划书写作的全过程和成败。对此,叶茂中先生有一个非常经典的"八十脚、二十脑"理论,这也从另一方面反映出调查研究对于商务策划书写作的重要性。因此,动笔之前,策划人员必须对策划项目进行系统的调查研究,这是商务策划书写作不可逾越的重要环节。

调查研究是一门科学,也是一项具体的实践活动。策划人员要想做好调查研究工作,就必须了解和掌握调查研究的基本知识和技巧。下面简要地就调查研究的常见方法作一介绍。

专家调查法　包括头脑风暴法和德尔菲法(Delphi Method)。头脑风暴法即邀请有关专家,通过会议的形式,面对面地征询其对历史资料的分析及对未来的预测等意见,在此基础上,由调查者形成一致的结论,从而找出问题的症结,提出解决问题的办法,理出市场的前景。德尔菲法,20世纪中叶由美国兰德公司首创,指采用函询、电话或网络的方式,反复征询专家的建议,然后由调查者进行统计,如果结果存在差异,就再征询专家意见,直到取得比较一致的结论。德尔菲法的特点是匿名性和统计性。运用德尔菲法,需要注意聘请的专家的质量和调查表的科学、明晰。

小组座谈法　是指调查者在一种无结构的自然形式中,与经过选择的被调查者进行小组座谈,从而达到对相关问题深入了解的方法。小组座谈法有两种讨论方式,一种是在既定的调查范围内,被调查者自由发言;另一种是由主持人按照确定的思路,有步骤地组织讨论。采用小组座谈法,主持人必须训练有素,必须对调查研究的背景、目的、程序以及被调查者的情况等了如指掌。这种方法,可以使策划人员从自由有序的小组讨论中,获得新鲜的、意想不到的材料。

深度访谈法 是指由调查者直接与被调查者深入交谈,以了解被调查者对某一问题的动机和想法的方法。这种方法,一般由调查者依据事先拟定的交谈要点,与被调查者进行自由交谈。常用的访谈方法主要有阶梯前进、隐蔽问题寻探以及象征性分析等。进行深度访谈,调查者应当注意避免表现出优越感,要有风度和人情味。在访谈技巧上,要以提供信息的方式问话,不要简单接受"是"与"不是"的回答,并且充分尊重被调查者的观点。

二手资料法 是指有计划地从书籍、报刊、文献资料或者通过访问和实验等渠道,获取已经存在的数据资料的方法。二手资料有内部二手资料和外部二手资料之分。内部二手资料是单位内部收集和记录的资料,如客户订单、销售量、库存情况、成本及价格信息等。外部二手资料是从单位外部的组织或机构,如统计机构、行业组织、科研机构、图书馆、杂志社等获取的资料。尽管二手资料不可能提供调研问题所需的全部答案,但对于策划人员明确和定义问题、探究处理问题的途径、检验某些假设以及深刻地解释原始数据等却有很大帮助。运用二手资料法,应当注意目的性、准确性、时效性和可靠性。

随机抽样法 是指依据一定的规律,在所要调查的对象总体中,随机任意抽取一定数量的个体作为样本进行调查,从而推断出调查对象总体的一般情况的方法。随机抽样法的特点是按照机会相等的原则,从总体中任意抽取样本,然后根据结果来推断总体情况。随机抽样法的内容,涉及到行为、要求、态度、知识、动机、人口状况和生活方式等各方面,是搜集原始数据最常用的方法,在调查研究中占有重要的地位。具体方法有等距抽样、任意抽样、随机抽样等。

实验法 是指在一定条件下对需要调查的问题因素,在小规模范围内进行实验,通过实验取得相关资料,从而在比较分析的基础上,推断出可能的结果的方法。实验法是因果关系调研的常用方法。调查人员操纵一个或多个变量,通过实验对比测量该变量对其他变量的影响。实验法的应用范围比较广,一般在改变商品品质、包装、价格、广告以及商品陈列等方面,使用实验法来获取材料。其方式有实验室实验和现场实验等。

观察法 是调查者直接到调查现场进行观察的方法。这种方法,调查者不与被调查者正面接触,而是从侧面观察、记录现场发生的事实。其主要特点是调查者直接或借助照相机、录音机等设备,把要调查的情况记录下来。由于被调查者无心理压力、表现自然,因而调查结果也更加客观和真实。具体方法主要有直接观察、实际痕迹测量和行为记录等。采用观察法,主要是为了获得被调查者不愿或不方便提供的材料。但是,由于观察到的事实往往是事物的表面现象,因此,通常将观察法与其他调查方法组合起来使用。

电话调查 是一种调查者借助事先选择好的电话与被调查者进行访谈的方法。这种方法,主要在了解对方业务范围、查询某些数据、核对走访情况、了解有关会议和活动情况时使用。其特点是迅速、直接、面广而且费用比较低,特别适合访问不易接触到的被调查者。但是由于农村和经济欠发达地区电话普及率不高,使得某些调查样本缺乏代表性,而且受通话时间的制约,调查者很难全面、深入地对问题进行询问,一旦遭到拒绝,调查者就无法进行控制。因此,采用电话调查的方法,问题的设计必须科学清晰、简明扼要且易于被被调查者接受。

邮寄调查 是指将调查问卷以及相关资料通过邮寄的方式寄给被调查者,由被调查者按照要求填好后回寄给调查者的方法。邮寄调查由于减少了实地走访的人次,从而降低了调查的费用开支。主要特点是空间范围大,调查的地区广。但是,由于回复率得不到保证,问卷答案的真实性无法甄别,因此,一般与其他调查方法相配合,很少单独使用,调查的内容也基本是社会共性问题的范畴。

产品留置调查 是指将某种产品留给被调查者使用,并对其使用前后的消费行为和心理进行调查,以获取相关的有价值的材料的方法。这种方法主要适用于新产品投入市场前的效果调查。但是由于成本高、周期长,因此有一定的局限性。采用产品留置调查,需要调查者具有较强的事业心和责任感,这样才能与被调查者建立长期的友好关系,提高调查工作的质量。

拦截式访问 是指在一定的区域内(如商场、街道、农贸市场、车站等)拦截路人进行访问的方法。这种方法的特点是时间比较短,被调查的具体情况能够被清晰地记录下来,同时也可以对问卷的真实性和质量进行把握,使材料的搜集具有极大的灵活性。但是由于调查区域相对固定,被调查客体的多样性和丰富性受到限制,而且潜在的应答者往往有意回避或者主动和调查者接触,在一定程度上降低了控制样本的能力。

上述调查研究方法应当根据调查问题的性质和要求,结合调查工作的实际情况综合考虑和使用。

作为一门科学,我们上面只是对调查研究的常见方法作了简要的介绍。对于策划人员来说,仅仅了解这些是不够的,必须全面、系统地掌握调查研究的专业知识,并且学以致用,惟其如此,才能通过调查研究为项目策划提供科学的、有价值的材料,从而保证商务策划书写作的质量。

调查研究要遵循有的放矢、实事求是的原则。"不凭主观想象,不凭一时的热情,不凭死的书本,而凭客观存在的事实,详细地占有材料,在马克思列宁主义一般原理的指导下,从这些材料中引出正确的结论。"(毛泽东《改造我们的学习》)在调查研究中,必须坚持辩证的、系统的、全面的观点,客观地认识和分析问题。要善于透过现象看本质,从那些偶然的事件中,发现潜藏着的必然规律。同时,要认真制订和有效应用一整套科学的调查研究方法和技术,严格按照总体方案、调查研究程序以及行为规范办事,确保调查研究结果的正确性和权威性。

(三)快速搜集和处理新的信息

当今社会已进入信息时代,特别是随着网络技术的发展,大量潮水般的信息,每天都激荡着我们的生活,而且新的信息的发生速度,也常常出乎人们所料。对于策划人员来说,要想使商务策划书适应时代发展的要求,除了具备较强的写作和专业能力外,还必须具备快速搜集、处理最新信息的能力。从时间就是金钱的意义上讲,快捷就有机遇。只有具备敏锐的信息意识,依靠最新的信息技术和工具,商务策划书所表达的策划思维才能充满超前性和竞争优势。

信息的搜集,一般有以下几个方面:

(1)来自系统内部的信息。系统内部的信息是最可靠、有效的信息源,主要包括系统内部各子系统通过信息网络上报的信息和系统内部储存的人员素质、技术参数、财务状况等各方面的信息。通过对系统内部信息的搜集、整理,可以使策划人员更好地了解单位实力,把握影响其自身发展的各种参数。

(2)来自竞争对手的信息。主要包括对竞争对手进行的各种商业活动、展览以及公开的商业报表的搜集、整理,掌握竞争对手在产品、技术、价格、销售等方面的情况。当然,也可以通过其他正规渠道对竞争对手的相关信息进行搜集。要特别注意搜集、掌握可能影响未来竞争的关键性信息,例如,竞争对手的发展战略、决策流程以及财务状况等。来自竞争对手的信息,应当是策划人员最为关注的信息。

(3) 来自党政机关和行业管理机构的信息。党和国家的政策法规对市场竞争起着至关重要的作用。因此,策划人员必须高度重视来自党政机关和行业管理机构的各种文件、资料,要善于从中把握宏观发展的趋势和微观变化,使自己在竞争中立于不败之地。

(4) 来自文献和档案的信息。专业文献和档案一般都是原始信息搜集、加工、整理的结果,策划人员可以通过年鉴、企业名录、行业报告、馆藏资料等搜集大量有价值的信息。文献和档案的条理性和完整性,也使这部分信息的处理十分方便、快捷。

(5) 来自因特网的信息。随着网络技术的迅速发展,网络成了人们日常生活获取信息的重要渠道。策划人员可以通过因特网,快速获取来自四面八方的各类信息。网上信息成本低廉,而且降低了人、财、物的消耗,已经在策划实践中发挥出越来越重要的作用。策划人员可以通过 E-mail 和 BBS 调查表等方式来搜集相关信息。

(6) 来自专业咨询公司的信息。获取专业咨询公司信息的成本一般比较高,但是此类公司的专业性和权威性,使得其提供的信息更具有针对性和科学性。对于某些时效性强、信息搜集过程比较复杂的问题,策划人员可以建议委托专业咨询公司进行。

信息的搜集要面广,搜集到的信息要尽可能全面、完整;要真实,剔除虚浮不实的成分,做到去伪存真;要求新,搜集到的信息不能是落后的、陈旧的;要有系统性,信息的搜集不能"军阀割据"、"各自为战";要快捷,要学会利用网络和计算机技术处理数据资料,提高工作效率。总之,要通过快速搜集和处理新的信息,使商务策划书反映出来的策划思维更有时代感、更具说服力。

三、分析材料

分析材料,主要是围绕商务策划书的主题,解决对搜集到的材料的认识问题。占有了大量材料之后,撰写者要从商务策划书的主题出发,弄清材料资源的基本情况,对材料的性质、真伪、主次、轻重以及意义和作用等,做到心中有数。

分析材料的过程,是对材料资源进行整理、比较、认识的过程。叶茂中先生对于"圣象地板"品牌的策划过程,很能说明这个问题。经过了"地毯式"的材料搜集工作以后,"4月底,带着沉沉的两箱资料、厚厚的一摞笔记和整整30盒录音带,我们回到了北京。摊满了会议桌的图片与文字,我们圣象项目组开始'吃'资料了。先是囫囵吞枣地装进脑袋,接着开动脑筋细细消化,再反复推敲、挖掘、取舍、综合,最终形成认识、结论与课题。圣象的容貌在我们面前越来越清晰,地板市场的脉络也越来越明朗。"(雷鸣雏《顶尖策划》)

材料的分析对于直接作用于经济活动的商务策划书来说颇为重要。特别是面对大量的文字和数字材料的时候,撰写者更要学会运用科学的方法去粗取精、去伪存真、由表及里、由此及彼,对其内在本质进行分析。例如,营销类的商务策划书对于市场环境分析经常采用SWOT分析法(即态势分析法)。约翰·韦斯特伍德(John Westwood)提出:"SWOT(Strengths and Weaknesses——优势和劣势、Environmental Opportunities and Threats——机会和威胁)代表与公司在市场上的机会和威胁有关的自身的优势和劣势。优势和劣势是就公司及其产品而言,机会和威胁通常是指公司无法控制的一些外部因素。SWOT分析包括理解和分析自己的优势和劣势,辨明公司业务面临的威胁和市场机会。然后你便可以尝试利用自己的优势克服劣势,抓住机会,避免威胁。这是方案制订中最重要的环节之一。SWOT分析中提出的问题能帮你判定本公司及其产品是否确实能够完成你的营销方案,以及有什么限制条件。"(约翰·韦斯特伍德《怎样策划营销方案》)图2.1是韦斯特伍德先生介绍的SWOT矩阵图分析法的实例。

优势	劣势
规格大小适当 高质量产品 制造结实	原材料品种有限 比竞争者产品重 高成本/高价格
机会	威胁
源产品来自亚洲 开发新产品	欧元疲软 来自亚洲的廉价进口品

图2.1　销售组织的SWOT分析

掌握这样一些科学的分析方法,无疑会在分析材料时为撰写者提供很大的帮助,从而使材料资源的表象与实质、轻和重、真和伪显得格外明晰。

四、筛选材料

分析材料反映的是对材料的认识,而材料的筛选体现的是对材料的取舍。材料的筛选制约着商务策划书写作的质量,因此,筛选材料必须精当、严格。

材料的筛选,应当遵循以下原则:

(一) 围绕商务策划书的主题筛选材料——体现深化性

商务策划书的主题是材料取舍的依据,要力求选取那些最能表现商务策划书主题的材料,与主题无关的材料,要坚决舍弃不用。初学者最常犯的毛病之一,就是对材料盲目地取舍,不忍"割爱"。究其原因,在于其材料取舍的标准,不是基于商务策划书主题表现的需要,而是以自己的兴趣和偏爱作为筛选材料的尺度,孤立地判断材料的好坏。古人说,"凡作文发意,第一番来者,陈言也,扫去不用;第二番来者,正语也,停止不可用;第三番来者,精语也,方可用之。"(陈绎曾《文说》)全部材料都要用于对主题的深化,忽略主题的表现和深化,盲目地迁就材料,只会导致商务策划书写作的失败。

(二) 筛选有代表性和说服力的材料——体现典型性

有代表性和说服力的材料是那些能够科学地反映策划思维本质的的典型材

料。例如：

> 1999年度我国黄酒总产量在135~140万吨之间，基本与上一年持平。但是，市场竞争加剧，企业的利润率有所下降。事实上，黄酒的市场竞争远比不上啤酒和白酒。1999年，啤酒产量近2 000万吨，白酒产量600多万吨，可以说凡是有酒的地方都有啤酒和白酒，却不一定有黄酒。
>
> 面对这种酒类竞争的悬殊劣势，黄酒行业内部却为了争抢同一块蛋糕而进行着竞相降价、相互模仿的"窝里斗"。你大降价，我大跳楼；你搞文化周，我搞文化月……使得许多资金在这种盲目的自我竞争中白白浪费。黄酒价格本来就偏低，甚至到了价格不如矿泉水的地步。这种低价竞销只会给企业造成损失，给行业造成损失。

（见本书文案篇《女儿红酒扩展国内市场广告策划书》）

为了说明市场竞争的激烈，撰写者选择材料时，首先用数字反映了黄酒生产的尴尬局面，然后列举了竞相降价、盲目模仿等极具说服力的典型事例，使阅读者对黄酒生产的严峻形势了然于胸。其实，围绕产品竞争，作者完全可以列出更多的"窝里斗"的例证，但是对商务策划书主题的表现来说，这样的材料已经恰到好处，足以使阅读对象相信作者对市场情况的判断。当然，有些事实材料虽然是真实的，但仅仅是偶然的、暂时的，这样的材料，决不能当作典型材料写入商务策划书。

（三）筛选真实、准确的材料——体现严肃性

材料的筛选，必须确凿无疑、可靠无误。所谓"事信而不诞"，对于具体时间、地点、数字以及原因、结果等因素，都要在商务策划书中准确、真实地予以交代，引文、出处要摘引准确，而且必须用第一手资料。筛选真实、准确的材料，需要有严肃的科学态度。拉法格（Paul Lafargue）在回忆录中曾写到，"马克思引证的任何一件事实或任何一个数字，都是得到最有威信的权威人士的实证的。他从不满足于间接得来的材料，总要找原著寻根究底，不管这样做有多麻烦。即令是为了一个不重要的事实，他也要特意到大英博物馆去一趟。"（拉法格《回忆马克思》）这种精益求精、一丝不苟的精神，对于以实践为目的的商务策划书的写作尤其重要。

（四）筛选新颖、生动的材料——体现鲜活性

要尽量避免在商务策划书的写作中使用陈旧过时的材料。同一个材料反复

被使用,即使再典型也会失去新鲜感。材料新颖、生动,才会让阅读对象赏心悦目,也才能使策划人员通过书面反映出来的策划思维更具感染力,说服他人的过程更具效果。叶茂中先生在这方面堪称典范,他以诗歌的形式,对不同规格的地板进行介绍,一改同类商务策划书对于产品单调而枯燥的描述。我们不妨来欣赏一首:

PD8028:传说

　　他们说
　　爱情只是一种传说　藏于
　　山毛榉的每一朵笑容
　　每一个眼神
　　每一颗泪滴
　　每一瓣馨香
　　从此
　　有个传说　宁愿
　　为爱而生

(引自雷鸣雏《顶尖策划》)

在这首诗里,作者对于地板的木质、花纹、光泽甚至味觉,用优美的诗的语言进行了描述,并且通过优美的意象组合形成的意境表达了PD8028型地板对消费者浓浓的依恋之情。"文章最忌百家衣",最好的商务策划书体现出的应该是随处可见的创新精神。这样新颖生动的表述作为材料写入商务策划书,无疑会使商务策划书充满生机和美感,从而强烈地打动阅读对象。

五、使用材料

材料的使用,是整个材料工作的最后阶段,直接关系到商务策划书主题表达的质量。使用材料的关键,在于一个"活"字。日本策划家小泉俊一说,"仅仅收集情报毫无意义,还必须将其活用。"(小泉俊一《企划书实用手册》)

使用材料需要注意以下几个问题:

(一) 梳辫子

经过筛选后的材料,不能杂然并陈,还必须对叙述的先后顺序进行梳理、排队,然后才能写入商务策划书。例如:

> (一) 市场环境
>
> (1) 从全国范围看,随着社会经济的迅速发展和国民财富的增长,市民消费已从以物质为主的消费框架中跳出,更多地转向了精神文化生活消费。人们开始关注消费产品的品质、知名度、文化含量和个性化等要素,而这些对于竞争日益激烈的企业来讲,意味着要提供更多的个性化服务和个性化产品,并不断地增加产品的文化含量。
>
> (2) 从城市发展角度看,伴随着经济的发展,作为一种新的生活方式和价值观,"休闲"使都市居民对生活质量有了更深的认识。整个社会群体受教育程度的提高,使越来越多的人致力于提高自身的修养和生活品质,追求更丰富、更高层次的艺术审美享受。同时,知识经济时代是个竞争空前激烈的时代,人们往往要通过各种各样的方式进行"自我充电"、"自我教育","终身学习"的概念已深入人心,并日益渗透到每个人的工作和生活之中。即使是休闲,人们也更加重视与精神文化的紧密结合,以便获取更多知识和信息。
>
> (3) 蕴藏丰富文化资源的城市书店,利用得天独厚的优势,在都市发展中扬起"文化休闲"的大旗,通过开发具有自身特色的经营服务项目,在取得良好经济效益的同时,也实现了社会效益的良性循环。
>
> (见本书文案篇《畅游读者俱乐部市场营销策划书》)

这里,经过撰写者对材料的筛选,依次从全国范围、城市发展和城市书店三个层面,对市场形势进行了具体分析,脉络清晰,层次分明。事实上,作者写作前的材料工作做得再充分,如果不经过梳理、排队,使这些材料有先有后,按照不同的侧重点逐次展开,就不会充分展示这些材料之间的内在联系,对于结果的推理、预测就不会科学、合理、有说服力。

(二) 分详略

商务策划书材料的使用,需要把握详略程度。有些材料需要轻描,有些则需要重写,不能平均用力,不分详略。把握材料使用详略程度的一般原则是:主要的、具体的详写;次要的、概括的略写。所谓"久则论略,近则论详,略则举大,详则举小。"(荀子《荀子》)例如,在营销类的商务策划书中,对于营销策略的详细说明至关重要,因为这是实现营销目标的方法和手段。所以,对与营销策略有关的要素(产品、价格、通路、促销等),就必须使用精当的材料进行阐述。同样,在公关活动类的商务策划书中,对于构成活动内容的目的、原则、操作过程等,就必须舒展笔墨。总之,使用材料要根据不同情况,繁简有度,详略相宜。

(三) 巧组合

商务策划书的写作除了使用文字材料,还有很多视觉化材料,科学地对这些材料进行组合,可以使策划思维的表达更具效果,如图2.2所示。

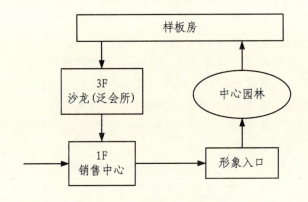

图 2.2 样板房参观路线

参观路线:销售中心—形象入口—中心园林—样板房—沙龙—销售中心

(四) 妙表达

同样的材料在不同撰写者的笔下,表现出不同效果的事例屡见不鲜。撰写者驾驭语言文字的能力,往往和材料使用的效果成正比。例如:

女儿红牌女儿红酒以精白优等糯米、自然培养麦曲和酵母纯种的多菌种发酵剂以及得天独厚的鉴湖水为主要原料,添加人参、当归、黄芪、枸杞等名贵中药材,采用独特工艺酿造,再经多年陈化而成。该酒色泽橙黄透明有琥珀光,味醇厚甘鲜,具有半干型优质绍兴酒特有的馥郁芳香、酒体协调和"陈、醇、专"之特色。女儿红酒含有人体所需的20多种氨基酸和钙、锰、铁等多种微量元素,属滋补型低度酒,口感绵甜醇厚,具有滋养颜面肌肤,抗衰老,活血安眠等效果。

女儿红酒源于晋代时期绍兴的地方习俗,文化内涵丰富。原来生女儿的人家,在女儿出生当年酿制几坛酒,密藏于地窖或夹墙内,一直到女儿出嫁时取出来,或作陪嫁,或在婚宴上款待客人。一坛酒存放17~18年以上往往会浓缩成半坛,甚至更少些,其质量绝佳。

(见本书文案篇《女儿红酒扩展国内市场广告策划书》)

这段文字对材料的表述,平实而不落俗套,客观而富于情感,只有具备相当语言文字功底的人,才能使枯燥的材料产生如此的效果。对于初学者来说,想要对使用的材料准确、生动地进行表达,就必须加强写作训练,不断提高使用语言文字的技能。关于表达的问题,本书后面还要谈到。

第三章
把握主题和写作目的

一、主题统领一切

商务策划书的主题,是撰写者通过商务策划书的全部内容表现出来的中心思想或基本观点,是商务策划书的灵魂和统帅。任何一份商务策划书都必须有一个明确的主题,使组成商务策划书的各种要素有机地结合在一起。没有明确的主题,商务策划书的撰写就无从谈起。一份商务策划书质量的高低、价值的大小,关键是看它的主题是否明确,是否具有说服人的力量。我们上面谈到的材料以及结构、表达方式等,都为商务策划书的主题所制约,为表现商务策划书的主题服务。

商务策划书的主题与其他文体形式的区别在于:商务策划书的主题产生于实践的需要,源于为了策划项目的实施而说服阅读对象的需要,而文学作品和一般应用文主题的产生,则源于为了表达某种思想和情绪,源于为了体现某个机关的指令和意图;商务策划书的主题所表现的内容,是对将要发生的项目行为的构想和推测,具有绝对的单一性,而文学作品和一般应用文的主题,则有着多元的空间;商务策划书的主题告知的对象,只限制在阅读对象和与策划项目有关的人员范围内,而文学作品和一般应用文主题的告知范围却相当广阔;商务策划书的主题与商业卖点密不可分,因此有着明显的实用和功利色彩,而文学作品和一般应用文的主题,虽然有时也带有商业痕迹,但远不像商务策划书的主题那样来得更直接和赤裸。

(一) 商务策划书主题的特点

一是实践性 商务策划书是基于实践需要的产物,其主题必然表现出强烈的实践特征。实际上,商务策划书在叙述做什么、为什么这样做、怎么做的过程中,其主题最终给阅读对象在心理上带来的条件反射,只是一个"做"字。商务策划书的功利性特质,决定了其主题必须建立在实践的基础之上,必须满足阅读对象对于功利目的的心理需求。实践性的特点,使商务策划书主题的产生过程更像顾客在农贸市场上买东西,经过货比百家,讨价还价,最终获得了商品的最佳价位一样,需要策划人员在心理和体力上付出艰苦的努力。叶茂中先生说得好,"光凭意气用事是无法取胜的,市场是斗智斗勇的'零和游戏',残酷的不留一点情面",必须"让双脚领着脑袋上路"。(叶茂中《叶茂中谈策划》)

二是主观性 商务策划书主题的形成,反映了撰写者对策划项目的主观认识过程。撰写者正是在大量的调查研究和对材料资源分析研究的基础上剥茧抽丝、反复提炼,完成商务策划书主题的开掘工作。在由此而产生的策划主题中,积聚了撰写者强烈的要打动阅读对象的主观意识。这种有时甚至是主动推介给阅读对象的主观意识活动,必然使商务策划书的主题体现出强烈的主观色彩。主观性的特点,使商务策划书的主题更具挑战性,也更容易震撼和征服阅读对象。当然,商务策划书主题的主观性特点,也为商务策划书的写作带来了极大的变数,这就需要撰写者必须以科学的态度提炼主题,防止盲目性和片面性。

三是个性化 策划主题的个性化,是由经济活动的细分化决定的。商务策划书最终能否在激烈的竞争中被阅读对象接受,能否在指导未来的实践活动中发挥作用,常常取决于主题的个性化程度。"所谓策划人员的个性,简单说就是对策划的自我主张。从稍大一点的方面来说,也可以指策划人员的信念、哲学观或人生观。从再大一点的方面来说,是指策划人员以策划作为生命的追求。因此,优秀的策划人员所做的策划,会强烈地表现出他的个性,或者把个性深深地蕴涵在策划之中。这种个性的光辉正是策划的魅力所在,这种魅力能够吸引别人,能够引起别人的共鸣而获得别人的支持。"(冯健民《营销八段——营销策划操典》)对于策划人员个性的强调,也正是对商务策划书主题的个性化要求。在实践基础上的个性张扬,永远都是商务策划书主题的生命。一篇商务策划书,如果主题缺少个性,就很容易在激烈的市场竞争中失去机遇。

(二) 确定商务策划书主题的原则

一是要正确 商务策划书主题的正确,强调的是商务策划书的主题要有针对性、可操作性和科学性,即从阅读对象的心理需求入手,通过切实可行的方案,科学地对策划项目进行释疑解惑。商务策划书的主题缺少针对性,犹如枪支没了准星,只能"打哪儿指哪儿",导致写作的失败;而没有可操作性,即使"三点一线",也可能由于操作者技术上的失误,使写作活动功亏一篑。因此必须将两者有机地结合起来,在对客观材料进行科学分析的基础上,确立商务策划书的主题。

二是要集中 商务策划书主题的集中,是说商务策划书只能表达一个中心,解决一个问题,即所谓的"一文一事"。写入商务策划书的材料可以很丰富,但是通过这些材料表现出的主题必须单一。一篇商务策划书主题的表达,可以有若干个内容子项,但绝不能出现几个要表达的中心,"意多乱文"、"事杂乱议"。同时,主题的集中还要求撰写者在写作中对商务策划书主题的开掘要集中笔力,一以贯之,防止主题的偏离和转移。

三是要鲜明 主题的鲜明,是说商务策划书所表现的中心思想和基本观点必须明明白白、清清楚楚,使阅读对象一目了然。我们看下面:

(1) 关于××产品的策划
(2) 关于××产品的促销策划
(3) 关于××产品市场推广的促销策划

这个例子,在(1)~(3)的不断具体化过程中,商务策划书所表达的中心思想越来越突出,策划的范围也越来越明确。很难想象,假如以(3)为中心进行策划,却用(1)和(2)置之前,会给商务策划书的写作和阅读对象带来多少困惑。商务策划书主题的表达,反映的是客观事物之间的因果联系,因此必须清晰明确、直截了当,否则围绕主题开始的写作就很难进行。从逻辑学的角度讲,对主题就是要限制、限制、再限制,否则主题不可能鲜明。

商务策划书的主题,是商务策划书的立文之本。在确定主题时,撰写者必须从商务策划书主题的特点入手,分析比较,认真揣摩,从而开掘出能够反映客观事物发展规律的主题,为商务策划书的撰写奠定良好的基础。

二、把握写作目的

写作目的与商务策划书主题的表达有着一衣带水的关系。

商务策划书的主题,是表现在商务策划书中的中心思想或基本观点,而写作目的则是撰写商务策划书要达到的预期愿望。商务策划书主题的正确表达,使撰写者写作目的的实现有了坚实的基础,明确的写作目的又对商务策划书主题的形成起着决定性的制约作用。写作目的明确了,知道为谁、为什么而写,主题的表达才有落脚点。主题明确了,才有可能说服阅读对象,完成写作目的。两者目标上的一致,体现了写作的一般规律,而对极具说服性的商务策划书来说,牢牢把握住写作目的,也是制约商务策划书主题的表达和决定商务策划书写作成功与否的关键性问题。

目的和目标是有区别的。为了实现写作目的,必须在商务策划书里面设定若干个具体目标。目的是超越时间的概念,具有宏观的战略性;目标是一定时间区域内的预期结果,体现了微观的实战性。但是很多撰写者往往把目的当成目标,这种关系上的错位,往往使撰写者在写作实践中困惑、茫然,导致写作活动的"虎头蛇尾"。因此,撰写者在动手撰写商务策划书之前,在材料工作的基础上,必须明确目标和目的的关系,保证商务策划书的写作不"英雄气短"、前功尽弃,从而在激烈的市场竞争中脱颖而出。

把握写作目的,关键是要知己知彼,最大限度地掌握阅读对象的情况。写作目的明确之后,撰写者应当对所有可能阅读商务策划书的对象进行详细了解,尽可能多地掌握相关情况。S.D.斯派克斯(Suzanne D Sparks)认为:"如果你能发现他们的兴趣、观点和价值观,你就能够更加行之有效地说服他们。你需要知道读者对于你写的东西的了解程度——他是这方面的专家还是对此一无所知。"(S.D.斯派克斯《商务写作指南》)在此基础上,再根据掌握的情况,调动全部的材料资源来确定商务策划书的主题,并且在写作方法和技巧的支持下,有效地把想要表达的内容,完整地传达给他们,从而说服阅读对象,赢得阅读对象的赞同和支持。

商务策划书的阅读对象,通常不仅仅是撰写者的上级或委托方,还有其他可能参与项目论证和实施的人员。因此在明确主要阅读对象的前提下,也要适当考虑其他相关人员的因素。这些人员包括:对项目内容缺乏了解而又缺乏兴趣的人员、关心实施过程和细节的专业技术人员、注重结果的管理人员,以及具体任务的操作人员等。这就要求撰写者根据具体情况,通过有效的写作方法和技巧,在商务策划书中恰到好处地兼顾这些人员的阅读需要。例如,为了说服关心实施过程和细节的专业技术人员,撰写者就要对相关的数据和专业知识准确无误地进行交代,通过精确的科学运算和专业预测,使他们相信商务策划书表现出的策划思维科学可行,具有权威性。

三、站在阅读对象的角度写作

商务策划书是一种严格的"以需定产"的商品。只有站在阅读对象的立场上,使策划思维与阅读对象的心理需求相契合,商务策划书的主题才有价值,也才可能使撰写者的写作目的得以实现。商务策划书是利益驱动的产物,如果不能突出阅读对象的利益,就唤不起阅读对象的注意,也就不能被阅读对象认同和接受,达不到写作目的。

站在阅读对象的角度写作,需要把握以下几个方面:

(一)想对方之所想

把握阅读对象的观点和想法,与阅读对象的立场合二为一,是商务策划书写作的一条基本原则。例如,在营销类的商务策划书写作中,撰写者必须首先了解对方的基本情况和想法,然后才可能从对方的实际出发,在市场调查的基础上,确定项目策划的目的是扩大市场份额还是增加利润。即使经过市场调查,撰写者的结论与阅读对象的想法存在差异,也应当通过有效的说服手段,使阅读对象认定撰写者的结论是正确的,从而接受撰写者的观点。只要着眼点不是撰写者自己,而是阅读对象本身,商务策划书表达的策划思维就可能被接受。

(二)解对方之所忧

站在阅读对象的角度写作,一个重要的内容是化解阅读对象对于项目策划中不确定性因素的疑虑。项目策划过程中的不确定性因素,往往使阅读对象对某些问题患得患失。因此,撰写者在商务策划书里面,必须通过强有力的事实和依据,逐一破解项目的风险点,解除阅读对象的疑虑。例如,策划过程中,如果阅读对象鉴于资金方面的困难,不想在广告媒介上投入太多,撰写者可以在客观分析的基础上,建议阅读对象采用其他办法解决面临的问题。

(三)力求行文之流畅

简洁流畅的行文风格,为阅读对象快速进入撰写者的策划思维提供了一条便捷的通道。行文的简洁流畅,不仅仅是写作方法的要求,更重要的是使阅读对象与撰写者的思维能够迅速沟通、融合,使阅读对象的时间和兴趣得到尊重。行文冗长艰涩,即使"才高八斗",也仅仅是撰写者的自我表现而已,让人读不懂或读不进去的商务策划书,只能走上"不归路"。特别对于那些事务繁忙、从事管理工作的阅读对象,撰写者更要注意把商务策划书写得简洁流畅、通俗易懂。

(四)立足行动之现实

商务策划书必须植根于现实的土壤,必须是成功实践的科学演绎,否则,以追求利益为目的的阅读对象绝不会把商务策划书的内容诉诸实践。因此,商务策划书的写作,必须以推出切实可行的行动计划为出发点,使策划思维最终能够变成阅读对象的决策。在写作实践中,一些初学者常常把商务策划书的背景材料写得洋洋洒洒,策略和计划却蜻蜓点水,使阅读对象对项目的操作茫然不知所从。事实上,商务策划书的背景材料仅仅是策划思维链条上的一个重要环节而已,只是项目策划最终诉诸行动的参考条件,如果"挤瘦"了具体的行动内容,或者将行动内容排斥在外,也就铲除了策划思维的根基。基于实践活动的商务策划书,正因为有了科学的策略和行动计划,才为商务策划书价值的实现奠定了坚实可靠的基础。

第四章
重视谋篇布局

一、结构与商务策划书

　　结构,也称为"布局"或"谋篇",指的是商务策划书的组织构造。它是表达商务策划书主题和内容的重要手段之一,是策划思维在商务策划书中的具体表现,是一连串巧妙地导向结局的匠心组合。对于商务策划书的写作来说,材料和主题工作完成以后,还必须从写作目的出发,按照主题的要求,在一定的架构里面,把各种有用的材料科学、有机地编排在一起,使它们条理清晰、详略有序、主次分明。

　　商务策划书的主题解决的是"灵魂"问题,材料解决的是"血肉"问题,而结构解决的是"骨骼"问题。"正如'结构'两个字的字面含义是盖房子一样,不管你的材料有多么优良,不管你的目的又是多么高尚,如果盖得不好,摇摇晃晃,结果是毫无用场的。"(小林多喜二《小说写作法》)结构,是制约商务策划书主题表达的一个极其重要的因素。一份缺少结构质量的商务策划书,很难让阅读对象打开阅读兴趣的通道。因此,撰写者动笔之前需要"惨淡经营",所谓"袖手于前,始能疾书于后"(李渔《闲情偶寄》)。

二、商务策划书结构的内容

商务策划书的结构同其他文体一样,包括了层次和段落、过渡和照应、开头和结尾等内容。但是由于商务策划书的个性化特征,使这些内容在商务策划书中的表现更单纯、明晰和直接。

(一) 层次和段落

层次是商务策划书内容的表现次序,体现的是撰写者以逻辑思维展开思路的具体步骤。商务策划书要达到说服阅读对象的目的,必须对将要使用的材料进行梳理,然后把结果分为几层意思进行表达,每层意思即为一个层次。例如,下面是一份产品营销策划书的层次提纲:

一、营销环境分析
二、SWOT 分析
三、消费者购买动机分析
四、市场定位策略
五、营销策略
六、行动方案
七、预期损益表

上面这七层意思依序道来,逐次递进,构成了这份商务策划书七个不同的层次。

段落是商务策划书的基本单位,是策划思维在表达时,因内容的转折引起的文字上的停顿,其明显标志是换行和另起。上面的例子中,在"营销环境分析"里面,作者又分出三个方面的子项:

一、营销环境分析
　(一) 市场环境
　(二) 行业环境
　(三) 竞争环境

这三个子项各自独立成自然段,分别阐述了"营销环境分析"的三个方面,构成了"营销环境分析"的三个段落。层次大于段落,正是由于段落的组合,才构成了层次。但有时也会出现段落等于层次的情况。例如:

  策划目标:实现开业招商90%,力争100%,为步行街开业运营奠定坚实的基础。

划分层次和段落需要注意的是,层次解决的是商务策划书整体布局的问题,是整篇商务策划书展开的几个大的方面,着眼于内容的表现;而段落是围绕各个层次的内容所进行的具体阐述和说明,侧重于文字的表达。划分商务策划书的层次和段落时,必须注意每个层次只能有一层意思,每个段落表达的意思要集中。各个层次和段落必须有内在的联系,必须成为表现商务策划书主题的有机组成部分。

(二) 过渡和照应

过渡是指商务策划书各层各段之间的衔接和转承,是各层各段承上启下的桥梁和纽带,是商务策划书结构的黏合剂。有些商务策划书写得拖沓、松散,与过渡处理得不好有很大关系。

商务策划书的写作中,需要过渡的情况基本上有两种。

一种是内容转换时,例如:

  根据上述分析,××公司应利用独特的资源优势,设计竞争对手所没有、所无法模仿的产品,就有可能取胜。
  这些产品是:(1)……

另一种是问题的叙述由总到分或由分到总时,例如:

  各具体市场应采取以下销售策略:(1)日本市场(略);(2)东南亚市场(略);(3)其他亚洲市场(略);……
  综上所述,各市场的销售策略必须……

商务策划书过渡的方法,以使用过渡词和过渡句居多。

照应是指商务策划书前后内容的照顾与呼应,是使商务策划书结构严谨和脉络连贯的重要手段。商务策划书常用的照应方法,主要有文题照应和前后照应。

所谓文题照应,也就是行文和标题照应,这是商务策划书常见的写作方式。例如,一份商务策划书的标题是《推销员训练策划书》,标题直接点明中心意思,即"推销员训练",于是撰写者在商务策划书中分别阐述了训练的意义、训练的目的、训练的要素(对象、时间、地点、内容、教材与教具)、训练的阶段,等等。所有的内容围绕主题依次展开,从不同的角度对主题的内涵进行阐述。

所谓前后照应,是说商务策划书的内容前后要照应,做到前有交代、后有着落。商务策划书的写作,本质上解决的是说服的问题。如果商务策划书前面提出了目标,后面却说不出提出目标的原因,不能说明怎样实现这个目标,以及实现这个目标需要做些什么,就不会达到说服阅读对象的目的。因此,行文时一定要注意前后相互照应,不能出现断题或跑题的情况。

(三) 开头和结尾

开头,是商务策划书写作的第一步。商务策划书的开头,必须直接、平实。主要有以下几种写法:

(1) 交代背景,直述起因。此类开头在商务策划书的写作中比较常见,大都在文前冠以"背景"、"引言"、"前言"等字样。例如:

> 一、前言
>
> 聚鑫荣名优特产品商业街项目自销售人员进驻现场至今,在双方人员的共同努力和配合下,各方面的准备工作陆续到位,项目即将以崭新的姿态全新亮相。基于本项目推广中借助于名优特产品商业街运作的概念,在开盘期间,所进行之开盘庆典及活动是棋局上的关键。因此,为了使项目开盘销售推广能够顺利进行,通过在前期整合项目各项资源的基础上,充分利用开盘活动的契机炒热销售现场气氛,同时向公众传达项目信息,力求获得高频度的市场传播机会,使本案在开盘时能够首战告捷。
>
> 此次开盘活动的前提是:双方达成共识,在各方面工作准备就绪的情况下,通过双方公司的协调一致配合,力求开盘活动能够一炮打响。为了前期有更为充足的时间酝酿,经研究初步决定,本案将于12月7日隆重开盘。
>
> (引自《聚鑫荣名优特产品商业街开盘活动策划提案》)

(2) 不做铺陈,落笔破题。这也是商务策划书常见的开头方式。很多商务策划书的标题,都直接点明了中心思想。例如,"××产品××地区市场营销策划案"、"××公司网站制作策划书"、"××评选活动策划方案"。此类商务策划书的开头,几乎都以"市场分析"、"营销目标(或策略)"、"公司(或项目)概要"、"活动目的"等表述,直接进入对策划主题的阐述。例如:

> 一、整体推广策略
> (一)营销理念
> 创造第一:前期"创世纪滨海花园"之所以能够成功,很大程度上取决于其"三错层"的户型设计创造了深圳第一;"丽景城"也是凭借其"三错层"设计创造了宝安第一而赢得市场。
> 差异化营销:通过市场细分,凭借差异化市场定位、差异化产品设计、差异化的营销手法赢得市场。
> (二)项目卖点分析
> 1. 片区共有卖点……
> 2. 项目独有卖点……
> 3. 核心卖点提炼……
>
> (引自《龙光宝安项目营销推广策划书》)

(3)简说起因,开宗明义。此类开头,在公关活动类的商务策划书中出现的比较多,往往以"宗旨及意义"、"缘起及意义"等为标题。例如:

> 一、宗旨及意义
> 为贯彻落实国务院《全民健身计划纲要》,响应省政府"健康迈向21世纪"的号召,把健身运动迅速推向高潮,香港××集团商务文化中心和××省××体育俱乐部决定在××共同举办"××省首届大型全民健身运动表演赛"。本次活动以公众利益为原则,联合社会团体和企事业单位参与加盟,共同为社会创造一个体育锻炼的良好环境,使群众性体育活动逐步走向规范化、健康化、普及化,旨在推动全民健身运动,提高全民身体素质。……
>
> (引自雷鸣雏《顶尖策划》)

结尾,是商务策划书的"收口"。商务策划书的结尾与文学作品的截然不同。文学作品的结尾,讲究"卒章显其志"(白居易《新乐府序》),所谓"结句当如撞钟,清音有余。"(谢榛《四溟诗话》)而商务策划书的结尾,由商务策划书的性质决定,基本上按照策划思维的脉络,将项目要素逐层说清之后便戛然而止,不需要所谓的"点睛"之笔。商务策划书的结尾,基本上都与撰写者对策划项目最后一部分内

容的表达有关。大致有以下几种情况:

(1) 以行动方案(或计划、实施等)结尾。例如:

行动计划
1. 1995年4月31日前,与《××××》、《××××××××》杂志社签订合同,1995年4月至1996年4月分六次登载广告。
责任者:××部
2. 1995年4月30日前,完成商务产品组合广告页印刷,放置于总台、餐厅、客房等场所。
责任者:××部
3. 1995年4月10日前,完成常客计划实施细则的制订,5月1日开始实施。
责任者:××部

(引自王怡然、沈超、钱幼森《现代饭店营销策划书与案例》)

(2) 以经费预算结尾。例如:

••••••••••
十、活动经费预算
(一)活动经费的组成
1. 宣传费用(包括花都电视台、花都新闻、《潮流》、《潮流商讯》、富都车载、《潮流网》),约5万元;
2. 现场布置费用(包括舞台、空飘、音响、背景板、展位布置等),约3万元;
3. 演出费用,每天预计1万元,2天合计约2万元左右。经费总计约10万元。
(二)费用分摊
艺廊装饰投入3万元,用作活动启动资金;
其他参展位按15个展位预计,每展位收取6 000~10 000元的展位费;
雅居乐负责活动审批、场地、展位以及业主邀请。

(引自《春熙巴黎•花样人生——非常艺廊•雅居春季嘉年华会策划书》)

(3) 以前景展望结尾。例如:

效果展望
相信通过以上系列活动,以及有效的媒体整合,一定能够吸引广大消费者的注意力,增加销售机会,提高销售额,并有效提高公司的知名度和美誉度。

还有的商务策划书以"计划的实施与控制"、"效果评估"、"结束语"等来结尾。将几项内容合在一起,以"营销(促销)计划及预算"、"预算及评估"结尾的情况也不少见。总之,商务策划书的结尾没有固定的模式,完全取决于策划思维表达的脉络。

三、商务策划书结构的原则和要求

(一) 商务策划书结构的原则

(1) 讲逻辑,要正确反映项目内容之间的内在联系和规律。商务策划书对于策划思维的反映看起来复杂,但同所有的客观事物一样,有其内在的联系和规律。对这些内在的联系和规律认识得越清晰、透彻,在商务策划书中反映出来也就越清楚、越有层次。具体写作时,虽然需要对结构进行适当的调整,但通过结构反映出来的逻辑性,必须与策划项目内在的联系和规律相吻合,必须符合人们的思维习惯。

(2) 讲重点,要服从商务策划书主题表达的需要。主题是商务策划书的灵魂,是安排结构的依据。一篇商务策划书不论演绎出多少个层次,都必须"以纲统目"。惟其如此,商务策划书才能严谨、完整、浑然一体。离开了主题表达的需要,层次和段落的划分、过渡和照应的安排、开头和结尾的确定等也就失去了依据和准绳。

(3) 讲灵活,要与策划项目的内容相适应。商务策划书有着基本的构成要素,这些要素往往由于项目内容的不同,结构表现的方式也不尽一致。下面分别列举了营销类和专题活动类两种商务策划书目录提纲:

（例一）　　　　　　　××产品营销策划书
　　一、营销环境分析
　　二、SWOT 分析
　　三、消费者购买动机分析
　　四、市场定位策略
　　五、营销策略
　　六、行动方案
　　七、预期损益表

（例二）　　　　　　××掌上电脑有奖答题活动策划方案
　　（一）活动背景
　　（二）活动目的
　　（三）活动内容（主题、时间、对象、过程）
　　（四）费用预算
　　（五）人员安排
　　（六）注意事项

项目内容的不同，带来了商务策划书构成要素表现上的变化，也势必使商务策划书的结构方式有所不同。因此，在具体的写作实践中，必须根据不同的项目内容来安排商务策划书的结构。

(二) 商务策划书结构的要求

商务策划书的结构必须严谨、自然、完整。

严谨是指商务策划书的结构要严密、紧凑，没有挂一漏万、信马由缰的情况，也没有主次不分、详略不当的毛病。缺乏写作经验的撰写者，往往想当然行事，想到什么写什么，从而导致商务策划书逻辑混乱、拖泥带水、漏洞百出，这与撰写者写作前缺少精心的构思和充分的准备有直接关系。

自然是指商务策划书的结构要行云流水，"常行于所当行，常止于不可不止。"（苏轼《自评文》）匠心不露，一脉贯通。商务策划书对于策划思维的表达，离不开一些基本的结构要素。无论这些要素在商务策划书中如何表现，都必须有机地统一在策划思维的表达当中，达到"天然去雕琢"的境界。

完整是指商务策划书的结构要有整体性。撰写者必须把握的是，结构的形式要和谐,主次分明、长短匀称、笔调一致,不互相冲突;结构的内容要浑然,通篇连贯、一气呵成,没有前后割裂、生硬造作和残缺不全的情况。商务策划书结构的完整,直接反映出撰写者运筹帷幄的能力和胸有成竹的底气,这一点对于说服阅读对象来说至关重要。

四、商务策划书的构成要素及应用

商务策划书的结构与构成商务策划书的要素有直接关系。结构反映的是谋篇布局的具体实践,而构成要素反映的是这种实践的操作基础。商务策划书的构成要素,确定了商务策划书的基本格局,形成了商务策划书区别于其他文体形式的独特个性。掌握商务策划书的构成要素,以及这些要素在具体应用中的表现形式,对于加深对商务策划书特点的了解,帮助初学者写出完整的商务策划书,具有重要的实践意义。

(一) 商务策划书构成的基本要素

商务策划书构成的基本要素有八个方面:①策划的目的与内容;②与策划相关的人员;③策划实施的场所;④策划的执行时间;⑤策划的缘由和前景;⑥策划的方法和操作;⑦策划的预算;⑧策划的效果预测。

这八个基本要素,科学地诠释了"做什么—为什么做—怎么做"这样一条策划思维主线,是任何类型的商务策划书写作时都必须遵守的"游戏规则"。在具体的谋篇布局过程中,由于写作目的、阅读对象、项目内容以及写作手法的不同,商务策划书对这些基本要素的表现也会有所不同。但万变不离其宗,无论这些基本要素如何表现,都必须在商务策划书中直接或间接地体现出来。

(二) 商务策划书写作的基本格式

商务策划书构成的基本要素,是确立商务策划书结构的基本依据,也为商务策划书的写作提供了基本的文体格式。例如:

封面

 （1）商务策划书名称

 （2）策划者姓名

 （3）商务策划书完成时间

正文

 （4）策划的目标

 （5）策划的内容（缘由、环境、问题点、策略、渠道等）

 （6）策划预算

 （7）实施计划

 （8）策划效果预测

 附件：子项目材料、基础资料、参考事例

这个基本格式，反映了商务策划书的构成要素在写作中被应用的一般规律。在这种格式里，商务策划书构成的基本要素作为结构的基础，有机地贯穿于全篇。"封面"以及"附件"的加入，使商务策划书的文体形式更加完整和饱满。这种格式的意义在于，使商务策划书作为一种文体形式，不只是构成要素的简单罗列，而且"有血有肉"，在说服阅读对象的同时，使其了然于胸、赏心悦目。同时，作为带有明显商业色彩的商务策划书，应该以近乎完美的外在形式给阅读对象以强烈的视觉冲击，"先入为主"的一个基本条件，便是阅读对象对策划人员写作能力的认知。一篇商务策划书尽管要素齐全，但是如果干干巴巴、有枝无叶、毫无文体感，也会影响与阅读对象的交流，削弱其说服的效果。

（三）商务策划书构成要素在写作实践中的应用

在具体的写作实践中，商务策划书的基本格式往往会有很多变化。这些变化的产生，主要是由于正文部分处理商务策划书构成要素时所具有的灵活性。一些基本的构成要素，有时在商务策划书中被分成几个层次，具体称谓也可能与构成要素的名称大相径庭。在比较复杂的商务策划书里面，有时还会出现目录、提要等内容。在一些特定情况下，商务策划书的构成要素还会省略或扩展。应当说，以商务策划书基本格式为基础所演绎出的构成要素的变化，有效地增强了商务策划书的可读性，为写作目的的实现创造了有利条件。

1. 直接以构成要素作为层次的商务策划书

这类商务策划书与商务策划书写作的基本格式大同小异。例如:

 前言

 第一部分 市场分析

  一、营销环境分析

   (一)饮料市场概况

   (二)营销环境分析的总结

  二、消费者分析

  三、产品分析

  四、企业竞争状况分析

 第二部分 问题诊断与目标市场选择

  一、企业问题诊断

  二、营销目标

  三、目标市场策略

 第三部分 市场定位与营销创意

  一、市场定位战略

  二、市场创意战略

 第四部分 营销组合策略

 第五部分 营销计划与执行

  一、营销目标

  二、营销活动的时间

  三、营销活动计划

  四、营销费用预算

  五、营销活动的效果预测和监控

(引自《"王老吉"的营销策划书》)

  在这个例子里,商务策划书构成要素中的"策划内容"部分,被分为"市场分析"、"问题诊断与目标市场选择"、"市场定位与营销创意"、"营销组合策略"等几个方面,同"前言"、"营销计划与执行"等一起,作为一个个层次,直接组合在商务策划书当中。这种直接以构成要素来表现商务策划书层次的情况,在商务策划书的写作中较为普遍,其特点是内容清晰、一目了然。

2. 不直接以构成要素作为层次的商务策划书

此类商务策划书所要表达的主题一般比较简单,不囿于商务策划书写作的基本格式,处理构成要素的手法也更趋于文体化。例如:

一、扬州旅游品牌形象的偏离与笼统
  1. 扬州旅游品牌形象的偏离
  2. 扬州旅游品牌形象的笼统
二、扬州旅游资源的梳理
  1. 对扬州历史的回顾
  2. 扬州主要观光、旅游资源
  3. 扬州主要休闲、体验资源
三、对扬州旅游品牌的重新提炼
  ……

(引自《中国第一风雅古城——扬州旅游品牌策划》)

在这份商务策划书中,策划的目的只是对扬州的旅游品牌进行重新梳理和定位。构成商务策划书的要素,主要表现为旅游产品的分析和策略的确定。撰写者通过对扬州历史文化简单而透彻的分析,成功地表达了策划思维。此类商务策划书,由于表达的需要,无须罗列商务策划书构成的各种要素,只须通过结构的脉络,对产品进行分析,对策划目的进行陈述。此类商务策划书,虽易写却难工,一般为经验丰富、有较高文字表达能力的撰写者所常用,其特点是亲和、流畅,有很强的文体感。

3. 引入相关文体或剥离相似子项目来表现构成要素的商务策划书

此类商务策划书在写作实践中并不多见,但也正由于并不多见的个性化表现方式,从实践意义上间接地强调了商务策划书的商业特征。对于撰写者来说,在激烈的市场竞争面前,为了实现写作目的,只要能够说服阅读对象,就必须调动各种有效的结构形式来表现策划思维。在商务策划书的写作中,我们更应该强调实用性基础上的"百花齐放"。

我们看下面这份商务策划书:

济宁水泥市场开发企划案(目录)

第一部分 市场调查报告

一、调查的目的、对象、方法、内容
二、市场调查分析总结
　1. 济宁市的市场容量
　2. 公司及其他水泥厂在济宁的市场占有量
　3. 各水泥品牌质量比较
　4. 各水泥厂家在济宁市场的价格
　5. 各水泥厂家优劣势对比
　6. 广告效果分析
　7. 客户购买水泥时最关心的因素
　8. 各水泥厂家在济宁市场的定位
　9. 部分水泥厂在济宁的动态
　10. 济宁市场开发潜力
　11. 客户对我公司的要求

第二部分　市场开发企划
一、企划概述
二、广告策略
三、经营策略
　1. 主攻"安居工程"
　2. 降低经营成本
　3. 销售服务

(引自孙冰《济宁水泥市场开发企划案》)

　　这份商务策划书可谓别具一格。撰写者将市场调查报告作为"第一部分"引入商务策划书。通过市场调查报告，撰写者充分说明了背景、环境等策划内容所包含的因素，然后在"企划书部分"，开篇即为项目进行了市场定位，之后对商务策划书的其他构成要素逐项阐述。纵观全篇，调查报告的引入恰到好处，而且商务策划书构成的基本要素也有分有合，有机地统一在两部分之中，构思新颖，给人以耳目一新之感。

　　再看下面这份商务策划书：

××变频空调 2000 年营销行动策划案（目录）

一、2000 年营销推广战略规划
二、2000 年营销推广战术组合
三、战役组织

（一）目的

（二）宣传组合

（三）活动地点

（四）活动时间

（五）活动内容

    1. 新闻通气会（见附件1）

    2. 商家座谈会（见附件2）

    3. 广告宣传（见附件3）

    4. 促销活动（见附件4）

    5. 新品展示会（见附件5）

附件1　新闻通气会

一、活动目的

二、活动时间

三、与会人员

四、会议地点

五、新闻宣传点

六、相关物品准备及注意事项

附件2　上市厂商座谈会

一、活动目的

二、活动时间

三、参会人员

四、会议地点

五、会议宣传点

六、会议步骤

七、会议进程对策表

……………

（引自雷鸣雏《顶尖策划》）

这是一份专题活动的商务策划书，其独特的地方在于，撰写者在对全年营销活动进行总体策划后，将其中五个内容不同但构成要素相近的活动策划，作为附件列于文后。按照一般写法，附件的内容完全可以写入总体策划。但是可以想象，如果这些附件作为一个个层次同时出现在总体策划当中，由于总体策划对构成要素的表现与这些附件区别不大，势必造成阅读上的乏味，直接影响商务策划书的表达效果。撰写者以"总分式"的结构方式，使总体策划提纲挈领，具体内容独自成篇、严谨自然、主次分明,可谓匠心独运。

4.省略了某些构成要素的商务策划书

在下面两种情况下,商务策划书构成的某些要素可以被省略。

一是项目策划初期,撰写者需要草拟一份简单的商务策划书,来表现策划思维的基本思路,以便提交内部的有关会议讨论。这种商务策划书的形式,虽然更接近于一份完整的商务策划书的提纲,但是在某些作风严谨的策划机构中却很常用。例如:

> 策划主题:强化用户回访活动
> 活动目标:
> 1.向用户广泛宣传回访活动的信息
> 2.让用户充分感受××公司改善服务的决心
> ……
> 活动内容:
> 1.引导期:回访活动方案、活动方式、宣传配合、广告……
> 1.推广期:回访活动方案、活动方式、宣传配合、广告……
> 2.延伸期:回访活动方案、活动方式、宣传配合、广告……
> 活动效果分析:通过3个阶段的内容组合,达到消除和预防用户的抱怨和投诉,提高用户满意度的效果……

上面这份商务策划书中,仅仅包含了构成要素中的策划内容、策划目的和策划效果几部分,没有环境分析和策划预算、行动方案方面的内容,但是足以表现策划思维的基本框架,为要素齐全的商务策划书的最终产生,打下了良好的基础。当然,有时候为了整理策划思维,一些有经验的撰写者也经常草拟这样的商务策划书。

二是在某些被动的策划活动里面,撰写者只是按照阅读对象的思路进行策划,一些要素条件已被双方所确认,所以,这些要素在商务策划书中常常被省略。例如:

"汇芳园"园区建设策划案

> 一、构思与创意
> 汇芳园位于××市高新区东山之阳,是三面环山、六合芳园、古象呈祥、藏风纳水的宝地。后有翠岭相依;前有远山相罩;西傍玉佛山纵卧南北,为

天然绿色屏障;东去鞍千大道婉若锦带,直抵千朵莲花山下,回眸一望又恰似东来紫气,汇于芳园。如此集美佳境,确是人愿天成。园区建设意在为居家提供一个聚雅、秀、幽、静、动于一园,集住、行、游、购、娱于一体的都市桃园。如若有缘置身其间,秀山碧水的环境、欧韵典雅的楼宇、浓郁文化的氛围、休闲娱乐的空间、田园清幽的风情,会使入住者驶入幸福的港湾。

二、布局与功能

园区建设将引入世界流行的生态和景观设计理念。做到因地制宜、随坡就势、错落有致、科学布局,达到人文与自然、典雅与古朴、宁静与流动、安居与乐业相结合的完美境界。按照这一设想,小区大致可分为生态环境区、楼宇建设区、文化景观区、休闲娱乐区四个部分。

生态环境区:……

楼宇建筑区:……

文化景观区:"六个一",即一门、一路、一场、一廊、一泉、一亭,……

休闲娱乐区:……

园区功能:……

三、文化与表象

文化是物质和精神的总和。无论是在硬环境建设还是在软环境建设上都是业主的不懈追求。就现有条件,园区文化可分为自然文化、建筑文化、历史文化、艺苑文化、景观文化等五类。

自然文化:……

建筑文化:……

历史文化:……

艺苑文化:……

景观文化:……

四、风格与户型

楼宇建筑领导时尚潮流,户型格局适应各种层面人士的需求。

风格:……

户型:……

五、实施方案

……

六、其他相关事宜

……

(引自刘树林《汇芳园园区规划文集》[①])

---

① 本文案未公开发表,为作者私人授权使用。

这份商务策划书,是该文撰写者受朋友之托写就的。其中,市场分析和策划预算等构成要素,在撰写之前双方就已十分明确,对方需要撰写者解决的只是商务策划书中所列的各项问题。因此,个别构成要素的缺省,不影响这份商务策划书对阅读对象的说服效果。实际上,在这种被动式的策划活动中,商务策划书对某些构成要素的省略,已经在撰写者和阅读对象既定的思维交流中被补充完成。

5. 构成要素较全的商务策划书

一般在表现内容复杂的策划项目,或者需要全面地表现策划思维的时候,商务策划书构成的基本要素,会比较完整地出现在商务策划书中,有的甚至还会出现委托(指示)内容、提要等要素。这样的商务策划书,对撰写者的写作技巧和能力提出了更高的要求。我们引用日本策划家小泉俊一在其所著的《企划书实用手册》中的实例来加以说明:

通过软件情报服务使新婚沙龙客源大增的营业企划案(目录)
企划者:……
课题研究成员一览:……
对本企划的指示内容
指示者:×××
指示年月日:……
指示内容概要:……
日程安排:……
预算案:……
作业的范围:……
前言
本企划的概要
本企划的全貌
本企划的前提
本企划的概念
本企划的目的
本企划的内容
本企划的问题点
本企划的效果
本企划的预算案
本企划的日程

这是一份构成要素比较完整的商务策划书,除了八个基本要素以外,文中还出现了"指示内容(委托内容)"、"全貌"、"概念"等内容。"指示内容"反映了管理者或项目单位对有关内容的要求和限制,作为一种要素,在商务策划书的写作中偶有出现。而"全貌"及"概念",前者基本上是策划前提的另一种称谓,反映了各构成要素之间的内在联系;后者则与策划的主题相关,应属于策划内容的范畴。

　　上面介绍了商务策划书构成的基本要素在具体写作实践中的不同应用情况。需要强调的是,无论何种表现形式,都必须建立在能够实现写作目的、说服阅读对象的基础上。只有这样,才能在材料和主题的基础上,调动有效的结构内容和技巧,使商务策划书构成要素对策划思维的表现,科学地反映出事物发展的本来面貌。

第五章 掌握撰写方法

商务策划书内容的撰写没有固定的模式,构成商务策划书的各种要素,在具体写作中的表现形式也灵活多样。但是从写作学的角度来讲,任何文体的存在都有其基本规律。商务策划书的写作,离不开策划主题的表达和写作目的的实现,离不开说服阅读对象和谋求功利的特质。这就必然使商务策划书的写作产生客观上的惯性轨迹,从而形成了商务策划书撰写方法上的一些基本规律。本章主要对商务策划书一些常见要素的基本撰写方法进行简要的介绍。

一、封　面

封面是一份完整的商务策划书的首页,包括标题(副标题)、策划单位或人员、呈报时间等内容。封面的版面设计,虽然与商务策划书里面的内容关系不大,但是对于赢得竞争和加深阅读对象的第一印象十分重要。封面的设计,一般有以下两种情况:

(一) 用文字表现

用文字表现的封面,在对全部文字内容的字体、字号和排列方法的设计上,要讲究科学性和美感。字体、字号的使用要大方得体；排列方法要符合人们的视觉习惯，如图5.1所示。

```
大连世纪经典大厦项目
    营销策划书
```

图5.1 封面示意图

这是封面标题文字较长时的处理实例。撰写者采用了"倒宝塔"式的排列方式。当然，也可以采用平行式的方法，使上下行字数相等或相近，两端对齐进行排列。商务策划书封面对标题文字排列的设计，除存在副标题时，很少出现与上面例子相反的情况，即"顺宝塔"式的排列方式。

（二）用美术手法表现

美术手法的使用，为封面的设计带来了很强的视觉冲击力，但是必须单纯、和谐，富于美感，否则效果将适得其反。图5.2所示的例子中，撰写者在标题文字下面加上底纹，并配以与商务策划书内容相关的插图，使封面美观、醒目，很容易加深阅读对象的印象。

图5.2 ××公司2010年市场营销策划书封面

二、标　题

标题是商务策划书主题的集中反映,是商务策划书内容的高度浓缩。"题好一半文",好的标题能够抓住阅读对象的视线,成为阅读对象寻找商机的向导。商务策划书标题的表现方式,基本上有直接和间接两种类型。

(一) 直接表现

所谓直接表现,即以直述的方式表现标题的内容。例如:

××产品××××年××市场营销方案

一、形势分析
二、营销目标
三、营销策略
四、销售促进
五、预算表和损益表
六、控制和更新程序

上面这个例子,正文及各层次的标题单纯直接,内容清晰明确,让人一目了然。商务策划书中这类标题比较常见,其特点是开门见山、简洁明快。

(二) 间接表现

所谓间接表现,即以形象生动的笔法含蓄地表现标题的内容。例如:

蓝色交响曲
——×××苑"蓝色魅力"广告杂志策划案

一、蓝色冲击(杂志目的)
二、蓝色强音(杂志主题)
三、蓝色音符(杂志版块)
四、蓝色伴奏(杂志费用)
五、蓝色形成(制造流程)

(引自张中人、汤文华《商务策划·调查·广告文案格式与范例》)

这份商务策划书,从正文到各个层次均采用了文学色彩很浓的词句作为标题,读来生动活泼、情趣盎然。当然,这种从正文到各层次的标题全部采用间接表现方式的例子并不多见。间接表现的方式,基本上都配有副标题,以期对正题加以补充和说明。

选择标题表现方式的关键是正文标题的确定。只有正文标题确定好了,商务策划书各层次和段落的标题,才有了在表现形式和风格上与正文标题相一致的依据。商务策划书正文的标题,一般由"项目单位或产品名称+策划内容+文种"构成。例如,"××产品××××年××市场营销方案",即由产品名称"××产品",加上项目内容"××××年××市场营销",以及文体形式组成。需要说明的是,"方案"和"案"在商务策划书标题中经常出现,是一种特定情况下,对商务策划书文体形式的特指,与一般的"工作方案"有着本质的区别。以这种基本格式构成的正文标题,出于表达的需要,有时也作为副标题出现。上面的例子中,"×××苑'蓝色魅力'广告杂志策划案"作为副标题,对"蓝色交响曲"的内涵作了具体的项目界定和提示,起到了以实补虚的作用。商务策划书正文标题无论采取哪种表现方式,以这种基本格式构成的标题在其中必不可少。撰写者需要根据具体情况,安排好标题的写作。

三、目　录

目录是商务策划书层次结构的排列提纲,附在封面之后,一般包括标题、附件、参考资料,以及这些内容所在的页码等内容。编写目录必须掌握商务策划书内在的层次结构。只有清晰、准确地掌握了商务策划书内在的层次结构,才能编写出科学反映商务策划书内在架构的目录。

除简单的商务策划书以外,目录的编写一般不能被省略。我们知道,商务策划书写作的成功与否,很多时候与商务策划书内在逻辑展开的科学性有关,而目录的编写,反映的恰恰是这种内在逻辑展开的顺序。目录编写的过程,恰可作为撰写者检查、调整商务策划书内在逻辑结构的过程。对阅读对象来说,能够方便、快捷地了解商务策划书内容的全貌和策划思维的线索,流畅、顺利地进入需要阅读的部分,会在心理层面产生许多对撰写者有利的因素。这种因目录的编写带来的机遇,为撰写者实现写作目的、说服阅读对象创造了良好的条件。因此,编写目录是商务策划书写作中一项不容忽视的工作。

商务策划书的目录,有简单和复杂两种类型。

(一) 简单的目录

简单的目录,是指目录构成的内容单一,一般只列出商务策划书各层次的一级标题。例如:

目 录

一、市场竞争情况分析及其对策建议 …………………………… 1
二、广告策略 …………………………………………………… 5
三、广告语 ……………………………………………………… 8
四、广告表现 …………………………………………………… 11
五、SP促销活动的实施设想 …………………………………… 17
六、公关促销活动的实施设想 ………………………………… 20
七、软性广告开发设想 ………………………………………… 22
八、关于集团消费的若干问题 ………………………………… 26
九、广告媒介计划 ……………………………………………… 27
十、各阶段的媒介投放与费用预算 …………………………… 29

(二) 复杂的目录

复杂的目录,是指目录由多个层次构成,除了商务策划书第一层次的标题,各层次的标题或主要段落的标题也被列入目录。例如:

龙光宝安项目营销推广策划书(目录)

第一部分　整体推广策略
　一、整体推广策略
　　(一) 营销理念
　　(二) 项目卖点分析
　　　1. 片区共有卖点

2. 项目独有卖点
　　3. 核心卖点提炼
　(三) 营销推广策略
　　1. 营销推广主题
　　2. 营销推广主线
　　3. 营销策略
二、价格策略
　(一) 价格路线
　　1. 走理性价格路线
　　2. 走相对高价路线
　　3. 结论
　(二) 项目均价
　(三) 价格走势策略
　(四) 付款方式建议
　　1. 一次性付款
　　2. 即供银行按揭
　　3. 优惠银行按揭
三、入市时机评估
　(一) 工程角度评估
　(二) 竞争角度评估
　(三) 入市时机综合评述
四、营销阶段划分
……………

（引自《龙光宝安项目营销推广策划书》）

　　在具体写作过程中，撰写者要在充分考虑商务策划书篇幅的长短、内容的繁简，以及阅读对象的阅读习惯等因素的基础上来确定目录的类型。

四、策划参与人员与编制时间

（一）策划参与人员

目录之后，即应标明策划参与人员。所谓策划参与人员，实际上包含了策划参与人员的单位、职称、姓名以及联络方式等内容。有些时候，由于阅读对象对策划参与人员十分了解，这些内容在商务策划书中不必全部出现。其他情况下，都要详细地注明这些内容。在策划实践中，标明策划参与人员的单位和联络方式，为策划人员与阅读对象对商务策划书内容的沟通、协调和执行，提供了便捷的条件。策划参与人员职称或职务的标注，一方面可以使阅读对象对策划的品位和质量产生信心，另一方面也为策划机构表示对该项目的重视以及自我推介提供了机会。

策划参与人员的撰写，基本有以下两种情况。

（1）直接标明策划参与人员。例如：

本策划参与人员
主　策　划：杨××（公司副总经理）
参与人员：王××（公司策划部成员）
　　　　　李××（公司策划部成员）
　　　　　李××（公司调研部成员）

（2）策划小组的标写。以策划小组形式出现，则应注明小组名称、负责人以及成员姓名、单位、职称和联络方式。例如：

××公司××项目策划小组成员表
负　责　人：齐××　　××公司策划咨询部主任　博士
　　　　　　电话：××××××××
　　　　　　传真：××××××××
成　　　员：秦××　　××公司策划部成员　工商管理MBA
　　　　　　电话：××××××
　　　　　　高××　　××公司策划部成员　工学硕士

　　　　　　　　　　电话：××××××××
　　　　于××　　××公司策划部成员　会计师
　　　　　　　　　　电话：××××××××
　　特邀顾问：陈××　　××研究所研究员
　　　　　　　　　　电话：××××××××

　　撰写策划参与人员时，对参与策划的外部人员要明确注明。以上第二种情况中，"特邀顾问"一栏，即对邀请的专家作了单独交代。有些商务策划书，为了说明策划参与人员在项目中的职责以及组织运作系统，还会用图形的方式将其标注出来。

（二）编制时间

　　编制时间是指商务策划书编制完成的时间，应当据实填写。商务策划书成稿之后，一般以正式讨论的前三天日期作为编制时间。有些时候，商务策划书成稿时间离正式讨论的日期较远，可以直接以成稿的具体时间作为编制时间，注明"××××年×月×日编制"。如果商务策划书经过修订才被确定下来，除了填写"××××年×月×日编制"，还应选择一个接近修订日期的时间，作为编制时间，注明"××××年×月×日修订"。

五、委托内容

　　委托内容是指项目单位对策划人员提出的操作要求或限制条件，一般在商务策划书中很少出现。但是，在某些从属性很强的策划活动中，将其作为一个单独的要素写入商务策划书，却显得十分重要。在策划操作过程中，经常会出现项目单位因各种主客观因素，改变最初想法或否定某些委托内容的情况。为预防此类纠纷的发生，在商务策划书中，准确地标明项目单位的操作要求或限制条件，就不再是单纯的写作技巧问题，而是与撰写者的商誉和利益息息相关。一旦问题发生时，撰写者可以以此为自己提供有利的证据和确凿的资料。

　　当然，对于大多数没有出现委托内容的商务策划书来说，项目单位委托的内容并非没有记录在案,只是没有作为一个独立的要素写进商务策划书。从严谨、规范和自身权益保护的角度来讲,这不能不说是一个缺憾。

委托内容的撰写,一般包括委托概要、目标、日程安排、预算方案和实施范围等内容。例如:

策划委托内容概要:
(1) 开发出一种提供软件情报的工具,用来为顾客服务;
(2) 该工具亦能为外商部使用;
(3) 在大众传媒上刊登与该工具有关的广告宣传;
(4) 预算以不超出企划部年度预算为原则,不足部分可以考虑从广告部预算中填补;
(5) 该工具从本年度秋季投入使用。
日程安排:
该工具的完成在9月上旬,广告宣传的刊登在9月下旬。
预算案:
(1) 企划部预算有×××××元;
(2) 广告部预算有××××元。
作业的范围:
(1) 策划案的制作:企划部课题组;
(2) 工具的制作:以课题小组为主的内、外勤工作人员;
(3) 向大众传媒刊登广告宣传:广告公司;
(4) 对有关人员的指导:企划部课题小组。

六、前　　言

前言,是商务策划书正文的第一部分,一般概括地介绍策划的背景、目的、所述内容、预期效果和致谢辞等。有些商务策划书没有出现前言,而是将前言包含的主要内容融入其他部分。在有前言的商务策划书里,前言所包括的内容也需要根据具体情况确定。前言的撰写,文字不宜太长,要尽量简明扼要。对前言的称谓,在不同的商务策划书里也不尽相同,称作"引言"、"缘起"、"背景"、"概述"的并不少见,写法也多种多样。下面两份商务策划书"前言"的表达方式就各不相同。

(例一) 前　　言

　　始创于 1837 年的宝洁公司,是世界最大的日用消费品公司之一。2002~2003 财政年度,公司全年销售额为 434 亿美元。在《财富》杂志最新评选出的全球 500 家最大工业/服务业企业中,排名第 86 位,并位列最受尊敬的企业第七位。宝洁公司全球雇员近 10 万,在全球 80 多个国家设有工厂及分公司,所经营的 300 多个品牌的产品畅销 160 多个国家和地区,其中包括洗发、护发、护肤用品、化妆品、婴儿护理产品、妇女卫生用品、医药、食品、饮料、织物、家居护理及个人清洁用品。

　　"佳洁士—节约"牙膏是宝洁公司推出的新产品,为配合宝洁公司的牙膏市场推进计划,特进行本次广告策划。本次策划将为"佳洁士—节约"牙膏塑造独特的市场形象,并以全新的方式推向市场。

(引自《佳洁士牙膏营销策划书》)

(例二) 前　　言

　　春暖花开,万物复苏,又是一年播种希望的日子,对于企业来说,也是振作精神,一展宏图大志的好时间。现在,万众期待的"五一黄金周"即将来临,人们休闲购物的黄金潮将再一次涌动,对于大型会展活动的期待与关注的热情将再一次升温。因此,临近五一可以说是各商家不可错过的机遇,既是举办各类促销活动的黄金时间,也是商家占领市场、扩大份额的最佳时机。

　　以"春煦巴黎·花样人生"为主题的非常艺廊·雅居春季嘉年华,就是借黄金周的东风,探索会展经济的新路子,为花都商家搭建一个可以共享的平台。在这个平台,既可以演出各种精彩的文艺节目,大大丰富人们的业余生活,为各商家建立一个亲民、爱民的形象,进一步提高商家的美誉度,又可以聚集人气,形成旺盛的卖场,刺激人们的消费,促进销售。"春煦巴黎·花样人生"——非常艺廊·雅居春季嘉年华,将是 2009 年万众期待的花都会展业大事。

(引自《春煦巴黎·花样人生——非常艺廊·雅居春季嘉年华会》)

七、提　要

　　提要,也叫内容概要、策划摘要,是对商务策划书重点内容的概括和整理。商务策划书的提要,一般包括了策划的动机、目标、环境、内容以及预期效果等内容。

撰写提要,要求提纲挈领、简洁明快,而且能够清晰地反映出各部分内容之间的逻辑关系。提要的撰写,为阅读对象了解商务策划书内容的主干,把握各部分内容之间的联系,提供了方便条件。

撰写提要,必须以商务策划书的内容为依据。只有在熟悉、掌握商务策划书内容的基础上,才能撰写出令人满意的提要。同时,撰写者还要根据商务策划书内容的不同情况,采取不同的表达方式来撰写提要。提要并非是所有商务策划书都必须出现的要素,而是需要撰写者根据商务策划书的内容以及阅读对象的具体情况,来确定是否撰写提要。下面是提要的实例:

执行摘要:

尽管我们在英国市场上的总销售量有所下降,但在过去三年里,过滤器的销售量却增长了三倍,主要是对水利工业的销售量增加。我们的问题产品是球型阀门,我们的球型阀门只有10%的市场份额,在水利工业的销量较低。目前我们在水利工业领域拥有的市场份额中,过滤器为10%,阀门为5%。我们相信如果经济形势保持稳定,我们能够在这个不断扩大的市场上获取更多的市场份额。此外,过滤器和阀门的组合产品也将给我们带来竞争优势。

本方案的目标是今后三年内使英国销售额增长10%,在××××年使过滤器在水利工业的销量翻一番,达到20%,并使球型阀门在计划市场上的销量翻一番,达到10%。这样做,我们希望到××××年,将英国的总利润从39%增加到43%。该方案详细说明了如何通过对人员和资源的投资,而无需对工厂和机械设备做任何大量投资的情况下,来实现这些目标。

(引自约翰·韦斯特伍德《怎样策划营销方案》)

八、策 划 环 境

策划环境,是指撰写者在商务策划书中,对与策划项目有关的宏观和微观环境因素所作的分析和论述。策划环境的可行与否,直接制约着阅读对象对撰写者策划思维科学性的认知。因此,对项目的宏观和微观环境进行科学的论述,是撰写者诠释项目策划必然性的重要前提。

一般来说,策划环境是商务策划书中不可或缺的要素。只有在一些特定条件下(前面商务策划书的结构部分已经谈到),策划环境才可以不直接写入商务策划书。大多数情况下,策划环境即使不作为一个单独的要素出现,也必须在商务策划书的其他内容里面,间接地对相关的环境和背景因素进行交代。这一点,在专题活动类的商务策划书里面,表现最为突出。下面这份商务策划书里,虽然"策划环境"没有作为单独的要素出现,但是在"评选目的及原则"中,对评选活动的前提背景,作了相应的铺垫。

....

三、评选目的及原则

"中国楼市看广东",这一响彻云霄的口号是广东房地产蓬勃发展的最佳佐证!

除却"市场经济"、"国泰民安"、"城市化大进程"等大气候因素,广东楼市之所以有今天的辉煌,是因为有无数默默无闻的发展商在推波助澜。

"人造环境,环境造人。"……

"时势造英雄。"……

"数风流人物还看今朝。"……

是到了为楼市精英立传的时机了,为表彰那些为广东房地产业作出卓越贡献的人,为推动广东房地产业更上一层楼,广东省××会、广东省×××协会、××报社特联合主办"首届广东房地产业新劳模评选活动"。评选原则——公益性、权威性、严肃性。

四、评选时间、支持发布媒体

....

(引自张中人、汤文华《商务策划·调查·广告文案格式与范例》)

在营销类的商务策划书里面,构成策划环境的材料一般来自于市场调查。因此,商务策划书里面的策划环境,更多地表现为对市场调查结果的阐述。就像我们在前面看到的,有些商务策划书甚至直接将市场调查报告引入商务策划书,对策划项目的营销环境进行系统的分析和论述。当然,这仅是极少数情况。很多时候,撰写者只是根据市场调查的结果,按照市场营销学的原理,在能够说服阅读对象的前提下,简洁、明晰地在商务策划书中对与策划项目相关的宏观和微观环境因素进行分析,并得出结论。营销类的商务策划书,撰写策划环境的方法多种多样。下面是常见撰写方式的实例：

……
4　市场分析
4.1　产业背景
随着工业化、都市化、信息化程度的不断提高，生活节奏的不断加快，社会竞争的日益加剧，人们的心理压力越来越大，人们对心理咨询、心理辅导的需求也越来越迫切。根据预测，进入 21 世纪后，我国各类心理卫生问题将更加突出。健康心理咨询作为一种通过科学方法和手段提供有效心理援助的专业活动，是现代社会的一个重要职业领域，将成为我国热门的职业之一。……

4.2　市场特征
心理咨询的实际消费者是心理，接受咨询的多是工作、学习、感情等压力比较大的社会群体。市场特征呈现为接受咨询前的不可感知性。

……
4.3　心理咨询发展前景
……
4.4　宏观政策
我们可以看到，国家"十一五"规划纲要提出"六个立足"，其中一条就是"以人为本"。这表明国家由偏重 GDP 的增长到更加注重人的全面发展，以增强国民的幸福感和心理卫生指数。

……
5　竞争分析
5.1　竞争服务和竞争对手
5.1.1　竞争服务分析
医院心理门诊：价格较低，……医院偏重于药物引导和治疗，对于精神科和神经官能症等相对严重的心理疾病尤为专业。

学校心理咨询：都是免费的，由教育部规定设立。……但是学校心理咨询还远远不能满足市场的需求，而且在学校进行心理咨询，有些咨询者会顾虑隐私的保密性，……

社会民营心理咨询：价格较高，……硬件设施、布置、格局略为讲究，……而且企业的知名度有限，对心理咨询的宣传不够，对市场也没有细分。

5.1.2　主要竞争对手分析
华夏心理教育中心

优势：个体咨询与团体咨询相结合，……并且培训心理咨询师，……开办时间比较长，已占据一定的市场份额，是怀化市场最有影响力的心理咨询机构。

劣势：没有进行市场细分，面广但对不同人群的针对性弱；在价格上对于学生没有任何优惠；企业知名度不够高，宣传力度不够；环境舒适感非常欠缺。

五三五医院心理门诊部

优势：与医院挂钩，是怀化市唯一的心理专科门诊部，以科研和心理治疗为发展方向，相关产品开发力度大，拥有一定规模的心理学资深专家，科研性研究活动多。

劣势：人性化服务不够，位于心理研究所内，人们进出的保密性不足；没有开发企业咨询服务。

……

5.2　竞争力分析

5.2.1　潜在的行业新进入者

……

5.2.2　互补品的威胁

……

5.2.3　消费者议价能力

……

5.2.4　咨询师讨价还价的能力

……

5.2.5　现有竞争者之间的竞争

……

5.3　模仿竞争

……

(见本书文案篇《心理咨询公司创业策划书》)

这份商务策划书，对构成项目市场营销环境的要素依序而叙、逐层剖剥、周全谨严。而下面的例子，则以题摄要、集中阐述、流畅自然。

一、营销环境分析

(一)市场环境

(1) 从全国范围看，随着社会经济的迅速发展和国民财富的增长，市民消费已从以物质为主的消费框架中跳出，更多地转向了精神文化生活消费。

人们开始关注消费产品的品质、知名度、文化含量和个性化等要素,而这些对于竞争日益激烈的企业来讲,意味着要提供更多的个性化服务和个性化产品,并不断地增加产品的文化含量。

(2) 从城市发展角度看,伴随着经济的发展,作为一种新的生活方式和价值观,"休闲"使都市居民对生活质量有了更深的认识。整个社会群体受教育程度的提高,使越来越多的人致力于提高自身的修养和生活品质,追求更丰富、更高层次的艺术审美享受。同时,知识经济时代是个竞争空前激烈的时代,人们往往要通过各种各样的方式进行"自我充电"、"自我教育","终身学习"的概念已深入人心,并日益渗透到每个人的工作和生活之中。即使是休闲,人们也更加重视其与精神文化的紧密结合,以便获取更多知识和信息。

(3) 蕴藏丰富文化资源的城市书店,利用得天独厚的优势,在都市发展中扬起"文化休闲"的大旗,通过开发具有自身特色的经营服务项目,在取得良好经济效益的同时,也实现了社会效益的良性循环。

(二) 行业环境

(1) 许多书店通过各种营销策划,如邀请名家签名售书、组织讲座和报告会、举办节日主题活动等,在扩大自己影响的同时,也进一步带动了市民参与文化生活的热情。

(2) 与休闲紧密结合的书店,给市民带来了精神生活和精神消费更多的可能性和选择性。具有较高社会责任感的书店,更愿意让自己充分发挥"文化传播"和"知性休闲"的双重功能,为书店的生存与发展开拓更大的空间。

(3) 尽管各书店定位不同,但都注重提高管理和服务品质,规划图书的品种结构,努力营造一种良好的购书氛围。对书店经营管理者而言,书店经营的是一种文化,图书零售业的切入点,应从销售图书转变为营建高雅的都市文化。

(4) 近年来,"文化城市"的提法备受青睐,越来越多的城市把建设文化城市的目标写入自己的发展规划之中。而城市书店对于推进社区和整个城市的精神文明建设,无疑发挥着重要作用。

(三) 竞争环境

(1) 行业竞争者有学人书店、联合书城、外文书店等大型书店,这些大型企业以其强大的实力和价格优势,领导着长春市图书销售市场。

(2) 市场竞争者有各类中等规模的书店(如位于长春市红旗街的春天书店等),他们也以其高档次的购物环境,吸引着大批购书者。

(3) 一些相关行业的竞争者,如吉林省图书馆、长春市图书馆等,也间接地参与了市场竞争。

（4）畅游读者俱乐部在市场竞争中事实上扮演着挑战者的角色，所以应采用独特的营销策略，与其他竞争者周旋，利用差异化优势，立稳脚跟，不断发展壮大。

（见本书文案篇《畅游读者俱乐部市场营销策划书》）

九、问题点和机会点

问题点和机会点，是指撰写者对市场环境给项目策划带来的机会和威胁所进行的分析和论述。在商务策划书中，明晰地展示出市场环境带给项目的机会和威胁，可以使阅读对象对项目面临的机遇和挑战有深刻的了解和把握，对项目策划的实施和目标实现的必然性充满信心。

商务策划书对问题点和机会点的写作，要求客观、准确、平实。客观，是说必须以市场环境的科学分析为基础，来阐述问题点和机会点，不能割裂其与环境的必然联系。准确，是说对问题点和机会点的表述不能含糊其辞，要彰显其质、一清二楚。平实，是说不能矫揉造作、故弄玄虚，要朴实直接、一目了然。

需要注意的是，问题点与机会点实际上属于策划环境的写作范畴，两者不能决然分开。撰写者正是从项目环境的优势与劣势、机会与威胁，以及对相关的限制条件的分析、诊断过程中，得出了关于问题点和机会点的认识。在营销类的商务策划书中，对营销环境问题点和机会点的分析，必不可少。

问题点和机会点的写法形式多样，下面是两种常见的写法：

（一）作为市场环境分析的一部分

例如：

　　一、营销环境分析
　　（一）饮料市场概况
　　1. 市场规模
　　　…………
　　2. 市场构成
　　　…………
　　3. 市场热点
　　　…………

65

（二）营销环境分析的总结

1. 劣势与威胁

（1）最大的威胁和挑战，是来自跨国饮料品牌的鲸吞蚕食和本土饮料品牌之间的同质化竞争。同质化竞争态势不仅表现在产品的同质化，也表现为广告塑造品牌形象的同质化，从而无法有效地形成品牌个性和实现市场区隔。

（2）品牌竞争的白热化、品牌消费的集中化，以及经营理念的滞后性因素，更是成为制约企业发展的瓶颈。

（3）品牌集中度，混合型果汁最高，水、茶饮料最低。

（4）我国本土饮料企业大都实行分散经营，规模一般比较小，区域性饮料品牌比较多，真正在全国饮料市场上有影响的名牌产品屈指可数。

2. 优势与机会

（1）本土饮料企业的发展初具规模，部分知名品牌获得消费者的喜爱。

（2）消费者需求的多元化，为饮料新产品的开发提供了广阔的市场空间。随着社会的进步和生活水平的不断提高，消费者开始更多地关注自我发展，主要表现为对饮料产品的营养成分以及是否天然健康、绿色环保和品位时尚等更高层面的心理需求。

（3）日益细分化的消费群体，为饮料企业开展目标营销提供了机会。不同饮料群体有不同的饮料消费需求，这些差异表现在对口味、品牌、价格、包装、促销和广告风格等消费者能接触到的产品和信息的不同需求方面，高度细分化的市场为饮料企业进行市场拓展提供了无限空间。

（4）饮料企业市场渗透的地域差异，为其避实就虚策略创造了空间。饮料企业可以根据各品牌市场占有情况，对竞争企业很少进入和尚未形成领导品牌的地区，进行市场渗透和重点攻击，即集中优势兵力对竞争品牌实现侧翼包抄。不同地域的饮料消费习惯和口味也具有一定差异，饮料企业对此也应予以重视。

3. 重点问题

…………

二、消费者分析

（一）消费者的总体消费态势

…………

（二）消费者行为分析

…………

三、产品分析

（一）现有饮料产品分析

……
（二）产品生命周期分析
……
（三）产品品牌分析
……
四、企业竞争状况分析
（一）企业在竞争中的地位
……
（二）企业竞争对手
……
（三）企业与竞争对手的比较

1. 机会与威胁

机会：在研究消费者对竞争对手的看法中，发现红色王老吉的直接竞争对手（如菊花茶、清凉茶等），由于缺乏品牌推广，仅仅是低价渗透市场，并未形成"预防上火"的饮料定位。而可乐、茶饮料、果汁饮料、水等，明显不具备"预防上火"的功能，仅仅是间接的竞争者。

威胁：在两广以外，人们并没有凉茶的概念，而且内地消费者"降火"的需求已经被填补，大多是通过服用牛黄解毒片之类的药物来解决。做凉茶困难重重，做饮料同样危机四伏。如果放眼到整个饮料行业，以可口可乐、百事可乐为代表的碳酸饮料，以康师傅、统一为代表的茶饮料、果汁饮料，更是占据难以撼动的市场领先地位。

2. 优势与劣势

优势：在众多老字号凉茶品牌中，王老吉最为著名。王老吉凉茶发明于清道光年间，至今已有175年历史，被公认为凉茶始祖，有"药茶王"之称。到了近代，王老吉凉茶更随着华人的足迹遍及世界各地。

劣势：红色王老吉受品牌名字所累，并不能很顺利地让广东人接受，作为一种可以经常饮用的饮料。而在另一个主要销售区域浙南，消费者将"红色王老吉"与康师傅茶、旺仔牛奶等饮料相提并论，作为当地最畅销的产品。企业担心，红色王老吉可能会成为来去匆匆的"时尚"。

3. 主要问题点
……

（引自《"王老吉"的营销策划书》）

(二) 单独作为一个层次

例如：

....

二、SWOT 分析

（一）优势

(1) 读者俱乐部实行多元化经营策略，较竞争对手有差异化优势。

(2) 读者俱乐部导入 CIS(Corporate Identity System，企业形象识别系统)，具有宣传优势。

（二）劣势

俱乐部以往的促销活动过于零散，没有进行有效整合，市场推广效果不尽人意，销售利润率较低。

（三）机会

2003 年中国爆发非典疫情，国内许多地区的网吧、影吧等娱乐场所均已关闭，各学校也进行封闭管理，学生闲暇之余，对图书的需求量大增。

（四）威胁

电脑的普及和互联网的发展对书店经营业产生很大冲击。

三、消费者购买动机分析

....

（见本书文案篇《畅游读者俱乐部市场营销策划书》）

十、策 划 目 标

策划目标，是指撰写者依据对策划环境的科学分析，在商务策划书中为项目策划确定的预期结果。策划目标是商务策划书的主题之核，策划环境的分析、策略的制定以及行动计划，都必须围绕策划目标的实现而展开。策划目标的表达，使阅读对象对项目策划最终结局的了解更加具体和明确。

策划目标，有时与项目策划过程中的具体目标并不一致。也就是说，当撰写者在商务策划书中为项目策划确定的预期结果，同时也是项目的子目标时，两者没有区别。这种情况，经常在内容单一的商务策划书中出现，而当这种预期结果包含了若干个子目标时，两者则不相一致。这在营销类的商务策划书中比较常见。因此，撰写者必须根据具体情况调动笔墨。目标同一的，要鲜明凝练、揭示到位；不同一的，则应分清主次、理出先后。

策划目标在营销类的商务策划书中，经常被称作"营销目标"、"目标战略"等，而在专题活动类的商务策划书中，则被称作"活动目的"或"活动目标"等。营销类的商务策划书，对于策划目标的撰写有一些具体要求，主要是：目标必须具体，避免出现"大概"、"可能"等模糊用语；最好能够量化，用数值化的表达方式，使策划目标传达的信息更具体和准确；有特定的时间，对策划目标的实现期限进行限定，等等。策划目标的撰写，大体上有以下几种情况：

(一) 作为独立层次出现

例如：

……

六、品牌推广目标

《我型我秀》2007年的推广目标：通过6个月（2006年11月1日起至2007年4月30日止）的品牌宣传推广活动，使2007年"我型我秀"总决赛全国收视率达到10%，让"我型我秀"成为中国最受欢迎和关注的电视选秀节目，超越"超女"，成为目前真人秀市场上的第一品牌。

（引自《我型我秀节目推广策划书》）

(二) 在相关层次出现

有些商务策划书把策划目标列入前言部分。这种情况往往是先叙述背景原因，然后直述项目策划的预期目标。也有的与市场分析合为一个层次，在对市场相关环境分析之后，直接阐述策划目标。较为常见的是在项目策划的市场策略部分出现。例如：

……

五、企业营销战略

1. 营销目标

(1) 短期目标：通过宣传，令消费者认识此产品，并且购买。

(2) 长期目标：令消费者对此产品拥有品牌忠诚度。

……

十一、市场策略

　　市场策略,是撰写者在商务策划书中为实现策划目标而设计的方法和手段。市场策略通常也被称作"营销策略"、"策划内容"。在市场策略中,撰写者需要说明实现策划目标的各种具体事项。市场策略的写作,必须脉络清晰、简单明了。这就需要撰写者开动脑筋,寻求最具效果的表达方法。

　　市场策略的撰写,必须以具体的操作内容为基础,使围绕实现策划目标所展开的各项内容,科学地组合在市场策略之中。在公关活动和项目招商类的商务策划书里面,对市场策略的表达相对比较间接,构成项目活动内容的一些相关因素,如方法、原则、过程等,在撰写者笔下被逐项排列,通过这种有机地排列组合,体现商务策划书对于项目所采取的市场策略。营销类的商务策划书,对于市场策略的表达却十分直观。在营销类的商务策划书中,撰写者依据营销学的原理,围绕策划目标的实现,对各种可控制的营销因素,例如产品、价格、渠道、促销等,进行优化组合和综合运用,从而形成适应市场机会的市场策略。

　　撰写市场策略,必须繁简适度又"浓施重抹",客观直白又内涵饱满,以使阅读对象对商务策划书的理解更加深刻。市场策略的撰写方法形式多样,下面是项目招商类和市场营销类的商务策划书撰写市场策略的一般方式。

(一) 项目招商类

　　例如:

> 二、招商策略
> (一) 业态设计先行
> 　　准确、差异化的业态定位是成功招商的前提,也是步行街在竞争中胜出的原因。东盛步行街的开发与运营,要始终坚持"全新的建筑形态、全新的消费环境、全新的业态组合"的先进理念。在业态组合方面,要紧紧抓住本地消费需求倾向和消费特点,重点突出,业态丰富,有机结合,坚决摒弃不适

合本地消费文化的业态。因此,业态组合以各类品牌店、大卖场、大餐饮、大娱乐为核心,主力店、次主力店(大店)占50%左右,餐饮娱乐休闲(小店)占30%左右,品牌专卖店占20%左右。

(二)先确定主力店,再全面招商

考虑到主力店、次主力店、国际名牌店及其他品牌店招商的不同特点,要坚持"先确定主力店,再全面招商"的基本策略。在执行过程中,主力店、国际名店和餐饮、娱乐要提前招商,其他的随后进行。

(三)为客户量身订做全面的开店解决方案

在这一策略的指导下,经过专业培训师培训的招商团队,根据实际情况灵活调整和实施租赁政策。例如,根据不同类型的租户提出的不同需求,为他们提出量身订做的解决方案;妥善安排好各租户的楼层位置,相互位置,使之相对成行成市,互惠共赢,而不是互相干扰、削弱;根据整体市场定位和业态组合,对进驻租户提出要求,并协助其调整、提升和完善他们在东盛步行街新店的定位、档次和其他品质。

(四)人员、媒体、大型主题活动立体化"整合宣传推广策略"

在市场宣传推广方面,实行"整合宣传推广策略",为招商工作提供有力支持。关键性的招商活动,如招商发布会暨主力店签约仪式、招商成果发布会、项目推介会、建筑节点庆典会,等等。

(五)招商进度、质量、费用统一控制

为把招商计划落到实处,达到多、快、好、省的目标,在招商进度、质量、费用上严格把关,统一控制。采用时间推动表来控制进度,根据业态布局和市场定位对商家精挑细选,通过重点吸收品牌商、实力商和特色商来控制质量。对招商费用进行精打细算,并采取以下措施,对招商费用进行统一安排,科学分配。

1. 招商任务指标分解到人,成本分解到人;
2. 关键性招商费集中使用,避免零打碎敲;
3. 重点保障优秀招商人才的工资待遇和奖励;
4. 重视大客户招商和关系招商,费用安排上予以倾斜;
5. 经过精心策划的媒体宣传计划,实现精确、有效的传播和价值最大化。坚决避免宣传费用的滥用和浪费。

....

(引自《盛泽·东盛步行街招商策划报告》)

(二) 市场营销类

例如：

....
五、营销策略
(一) 产品策略
1. 多元化经营策略
(1) 核心产品：书籍。为读者提供高质量、高品位的正版书籍；图书结构(常销书、畅销书、适销书)要合理搭配；对于滞销书的处理要妥当，如采取降价销售、随书赠送等营销手段。
(2) 相关产品：设咖啡茶座，为读者提供阅读休闲场所；经营文化用品和手工艺品；开办小型影院。
2. 服务策略
(1) 开设总服务台，处理顾客意见和投诉，回答顾客提出的问题。
(2) 提供电脑查询系统，以节约读者寻找所需图书的时间；为读者提供新书推荐表和畅销书排行榜等。
(3) 为顾客提供一个整洁、优雅的购书环境；播放符合书店气氛的室内音乐，让顾客在视觉和听觉上获得超值享受。
(4) 设立主题书架，沿用传统图书分类的同时，有意识地将与某一主题相关的图书摆放在一起。例如，将研究生入学考试的课本、大纲、辅导书集中到一起。主题书架大致可分为两类，即社会热点主题书架和特色主题书架。
(5) 设立电脑软件销售专区，销售电脑游戏光盘、学习光盘等畅销电子产品，并出售电脑上网卡等与电脑有关的商品。这将成为畅游读者俱乐部新的利润增长点。
(二) 价格策略
(1) 价格折扣优惠：团体购书；过期过时书刊(设折扣区柜台)；学生用书和教师教学参考书(设学生书屋)。
(2) 其他相关产品的定价，应适合月收入在 2 000 元以上的消费者。
(3) 滞销书应运用价格手段处理：与热销书捆绑销售；买相关产品赠书活动；价格折扣。
(三) 渠道策略
采取多渠道营销策略。
(1) 电话营销：开通读者热线，收集需求信息；保持与大客户的电话沟通，与学校、企业等社会团体建立持续、稳定、友好的业务关系;在取得顾客允许的情况下进行电话沟通,将俱乐部最近的新书信息以最快的速度通知读者。

(2) 网络营销:建设畅游读者俱乐部主页;电子邮件营销;网上调查;网上书店。

(3) 书店营销:利用各种营销手段,吸引顾客到书店主动购书。

(4) 与图书发行商和作者等上游渠道保持交流沟通,如读者与作者交流会、编辑每月谈,以及与出版社之间的定期交流等。

(5) 与相关渠道联系:与大型超市如沃尔玛、恒客隆及购物广场等联合销售;与网吧等文化场所联合销售;买书赠网吧会员卡。

(四) 促销策略

(1) 广告宣传:做好宣传工作,主要包括报刊、广播、宣传手册等媒介。

(2) 公共关系:赞助学校文体活动,保持俱乐部与学生团体的互动关系。

(3) 营业推广:举办培训班(电脑、书法、美术等);在社会和学校开办展销会(书展、文具展、手工艺品展等);举办专题讲座。

六、行动方案
....

(见本书文案篇《畅游读者俱乐部市场营销策划书》)

十二、行动计划

行动计划,是撰写者在商务策划书中为实施市场策略所拟订的具体作业方案。撰写者在确定市场策略的同时,还必须对市场策略实施的方法、步骤以及执行过程的进度进行具体化,从而使市场策略真正"脚踏实地",循序推进。行动计划的撰写,使商务策划书的内容"落地生根",为商务策划书的实践性,描上了浓浓的一笔。

商务策划书的行动计划,一般包括了日程安排、操作者的配备,以及场地、费用、设备等内容。撰写过程中,这些内容有时并非全部出现,详略程度以及组合、表现的方式也不尽相同,需要撰写者根据项目的具体情况,在有效表达策划思维的基础上,灵活地进行写作。行动计划是商务策划书不可缺少的内容。

撰写行动计划,要求简练、准确、直白。有些时候,还可以采用表格和图形的方式来表现行动计划。这种视觉化材料的加入,不仅容易加深阅读对象的印象,同时还可以有效展示行动计划各项内容之间的关系。商务策划书中行动计划的撰写方法,一般有以下几种:

(一) 以直述的方式撰写行动计划

例如:

> ……
> 六、行动方案
> ……
>
> (一) 举办"书林大会"
> 时间:6月,每周举办一次。
> 目的:通过沟通互相了解,提升俱乐部品牌形象,建立基于消费者的营销体系和营销思路。
> 宣传策略:活动前在长春各大报纸、广播电台做好广告宣传,主题为举办"书林大会",竭诚邀请各界"书林高手"参加。活动中邀请记者进行现场采访;活动结束后,在报刊上发表答谢书,以感谢广大读者的热情支持和媒体的关注。
> 活动内容:由俱乐部总经理主持大会,会上宣读举办"书林大会"的目的,介绍俱乐部的宗旨、现状和发展前景,与参会者商讨俱乐部的经营策略,同时对读者进行调查问卷测试,作为俱乐部今后制订营销策略的依据。
> 营销控制:宣传活动要注意效果与成本的关系;活动过程要与读者互动,鼓励读者提出问题和意见;会议时间要控制在两小时以内,避免读者产生厌倦情绪;会后赠参会者纪念品,如小纪念章、纪念笔等。
> (二) 举办"夏日清凉"主题活动
> 时间:7月、8月、9月。
> 目的:炎热的夏天,畅游读者俱乐部推出"夏日清凉"主题营销活动,旨在带给消费者清爽的生活体验,通过读书、休闲,度过漫长燥热的夏季,让消费者在享受生活的同时,与畅游读者俱乐部共同度过这段美好时光。
> 宣传策略:在报刊、广播等主流媒体进行大范围宣传;发放 MD (Merchan Dising,商品化)宣传手册,进行重点区域宣传;店内及店外的 POP(Point of Purchase Advertising,售卖场所广告)现场宣传,围绕"夏日清凉"主题,传播休闲文化。
> 活动内容:清凉的购物环境,店内开放空调,配以柔和的室内灯光和柔

美的音乐,以整洁的环境让顾客流连忘返;开设冷饮厅,使消费者在读书之余品尝冰点,享受夏日快乐;每周六、周日播放高品位高质量的电影,价格由俱乐部与消费者共同商定。

营销控制:俱乐部员工微笑服务,不主动向顾客推荐书籍和产品;店内部保持绝对幽雅的环境,不能因零乱给消费者带来不快,破坏俱乐部形象。

(三)举办畅游书场活动

时间:11月。

目的:丰富人们的业余文化生活,让人们品味到原汁原味的文化大餐,在消费者心目中建立良好的企业形象。

活动内容:邀请国内著名评书表演艺术家(如单田芳、刘兰芳等)到畅游读者俱乐部录制节目,让广大评书爱好者参与;邀请各高校资深教授到读者俱乐部,针对当前的社会热点问题和人们广泛关心的国际问题进行讲座。

宣传策略:名家到访,俱乐部应进行广泛宣传,要选择影响力大的媒体,包括报纸、广播和电视,借用名人效应宣传畅游读者俱乐部。由于评书爱好者有很大一部分是中老年人,因此在老年团体中宣传该项活动会更有效,从而开拓中老年读者市场。

营销控制:企业公共关系营销此时已上升到一个较高层次,读者俱乐部在公众中的形象也得到进一步提升,应建立专业化的公关部门,处理企业公关业务。俱乐部的关系营销活动,要为接下来的节日促销活动做好铺垫。

(四)举办节日献礼活动

时间:中秋节、国庆节、圣诞节、元旦期间。

目的:经过前期宣传推广工作,俱乐部知名度有所提高,再通过开展节日促销活动,以扩大销量,提高利润率,使整合推广得到完美实现。

活动内容:开展"四大献礼"活动(中秋献礼、国庆献礼、圣诞献礼和元旦献礼)。中秋节(9月15日)前,长春市将举行一年一度的大型书市活动,畅游读者俱乐部应利用此机会,将书市、教师节和中秋节联系在一起进行促销。促销手段应多样化、新颖化,如现场拍卖、捆绑销售、折价销售、购物赠送礼品等。国庆、圣诞和元旦促销活动,应与其他相关企业联合促销,由公关部门联系,与大型超市(恒客隆、沃尔玛等),大型购物广场(长春百货大楼、欧亚卖场等),网吧、酒吧、迪厅(兰桂坊)等娱乐场所进行合作,搞好联合销售活动。同时,采取赠送大礼包的形式,刺激消费者的购物欲望。礼包包括到指定餐厅就餐的打折卡、娱乐场所(如迪厅)的贵宾卡、到俱乐部购物休闲的优惠卡。

宣传策略:由于促销活动均在节日期间进行,应采用一切可能的宣传手段,包括报刊、广播、电视等媒体以及MD宣传手册、POP现场宣传等。

价格策略:促销期间采用价格折扣策略是最好的选择。应根据实际情况进行折价促销,对旧书应有大幅度折扣,以此刺激顾客的购买行为。

营销控制:促销活动中要注意控制成本,避免不必要的浪费;促销活动要以休闲购物为主题,在店内保持清静、幽雅的环境,给顾客最大的自由购物空间和活动空间;促销手段要灵活可变,如在圣诞前夕,应销售适量的精美贺年片和其他圣诞节礼品。

(见本书文案篇《畅游读者俱乐部市场营销策划书》)

(二) 以列表的形式撰写行动计划

例如:

············

五、行动计划

酒店各部门应严格按照下表规定的工作内容和完成时间完成相应的工作。

工作内容及完成时间安排表

部门	工作内容	完成时间
市场营销部	负责背景板和指示牌的制作 负责现场协调 负责现场摄影	10月10日 10月11日 10月11日
餐饮部	餐饮台布置及服务方案 菜单设计 5A贵宾厅布置 礼仪小姐安排方案	10月9日 10月1日 10月9日 10月10日
房务部	各场馆的清洁工作 宴会厅、5A贵宾厅布置绿化(包括贵宾室茶几上的插花)	10月11日 10:00前
工程部	宴会厅安装话筒(5A贵宾厅安装4支话筒) 负责照明、空调等设备的正常运转	10月10日
保安部	做好路面疏散和保安工作	
车库管理部	做好停车场的停车安排 做好司机休息室的安排	

(引自王怡然、沈超、钱幼森《现代饭店营销策划书与案例》)

(三) 把行动计划融入相关的市场策略

例如:

> 6 营销策略
> 6.1 发展战略
> 6.1.1 初期(1年)
> 主要服务是心理咨询(心理治疗与心理测量)和企业培训与咨询。市场策略为以大量宣传手段提高人们对心理咨询服务的认识,消除人们对心理咨询的顾虑,逐步增加在需要心理咨询人群中的市场份额;用营销手段开发企业培训与咨询市场,发挥先进入市场的优势并巩固市场;逐步完善网络建设;建立自己的品牌,积累无形资产;收回初期固定投资,并准备拓展咨询服务项目,开始准备拓展和开发衍生服务。市场占有率为心理咨询市场的4%~8%。
>
> 6.1.2 中期(2~3年)
> 增加大众心理课堂项目,打开并初步占领心理咨询的高端市场,进一步提高人们对心理卫生和健康的认识,继续提升品牌形象,增加无形资产,成立会员俱乐部,方便会员交流。进一步完善和健全服务网络,重点推广相关咨询服务,进一步拓展服务范围,实行多元化咨询服务战略。市场占有率达到12%~17%,居于主导地位。
>
> 6.1.3 长期(3~5年)
> 纵向延伸:立足心理咨询服务领域,进一步完善心理咨询服务;开展心理咨询师资格认证培训;成立健康心理活动俱乐部(组织一些活动或项目,提高人们的心理健康水平,也为一些心理学爱好者提供活动和交流的平台。组织一些公益性的活动,使之成为一种时尚健康且具有公益性的俱乐部)。
>
> 横向延伸:出版和销售与心理咨询相关的书籍和杂志;建立"心灵殿堂"轻音乐咖啡吧;为女士提供心理美容业务。
>
> 6.2 营销计划
> 6.2.1 促销策略
> 初期(1年)
> (1) 在书店内进行宣传,同时赠送精美的书签。
> (2) 报纸及杂志宣传,主要是发表由心理咨询专家撰写的一些与心理咨询相关的文章。
> (3) 在部分公交车(如教育专线)上做宣传广告。

(4) 与高校心理协会联系,共同举办"健康心理文化周"。

(5) 开业1周内开展自愿付费活动,但是学生咨询价格不低于30元/50分钟,其他咨询者不低于50元/50分钟。同时开通免费电话咨询服务。

(6) 业务人员开发企业咨询与培训市场。

中期(2~3年)

(1) 大力发展网站宣传为主。

(2) 在高档住宅区进行宣传(如电梯广告),在高尔夫球场设置营销小组。

(3) 继续保持与高校的合作关系,为高校学生提供就业指导。

(4) 在高中学校开展业务,为高三学生提供选专业的心理测量,价格有优惠。

长期(3~5年)

(1) 网络营销为主,同时开展社区宣传。

(2) 其他方式的公益宣传及公益活动。

(3) 争取得到一些企业的赞助,共同开展一些公益性的服务和宣传。

6.2.2 广告创意

针对主要目标人群采取不同的广告宣传策略,以提高品牌知名度和宣传本公司心理咨询服务为主要目标。

学生

广告主题:心理健康是指向成功彼岸的灯塔。

广告创意:黑夜中,一只小船在波涛汹涌的大海里遇到了风暴。(POP广告)

白领

广告主题:时尚优质的生活还缺少什么?(引导性广告)

广告创意:为了物质我们到底付出了多少?让"一个馒头的血案"不再发生。

金领

广告主题:帮助您设计更完美、优雅与高尚的心理殿堂。

广告创意:私人住宅、私人会所、私人游泳池,还有什么值得我们私有化?回答:还有您的私人心理顾问。

6.2.3 服务创新

咨询活动不是局限的,因为心理咨询必须要咨询人自己改善心理状态,所以公司的咨询活动也不是仅局限在咨询室内,为顾客提供参与一些特殊社会活动的机会,这有利于他们提高和改善自身的心理状态。这同时也是营销中的宣传手段。

6.2.4 合作伙伴

(1) 与怀化学院心理咨询中心建立合作伙伴关系,共同研究和开发心理学应用技术。

(2) 与部分企业建立合作伙伴关系,共同致力于公益事业。这对于双方都起到了宣传作用,而且为社会的发展作出了贡献。

....

(见本书文案篇《心理咨询公司创业策划书》)

十三、策划预算

策划预算,是撰写者对项目实施过程中的费用投入情况作出的预算安排,包括了总费用、阶段费用、具体费用等内容。策划预算必须详尽地反映出项目策划在执行过程中资金投入的多少。策划预算,除策划双方已事先明确外,一般来说,是商务策划书不可缺少的要素。

策划预算的撰写,要求科学、严谨。科学是指商务策划书中所列的项目实施成本,必须以最小的投入赢得最佳的效果,即项目的实施成本一定要大大低于该项目预期为委托方增加的利润。严谨是指对项目的各项开销必须精打细算,周密而合理。策划预算往往与行动计划密不可分,因此在很多商务策划书中,两者经常上下相接或合二为一。而且为了方便核算,一般都采用列表的形式来撰写策划预算。有些时候,撰写者还在预算表的下方对策划预算加以说明。下面是策划预算常见的表达方式。

(一) 作为单独要素撰写

例如:

....

(五) 广告预算
1. 费用安排计划如下:

费用安排

项　　目		费用(人民币)
媒介购买	电视台	540万元
	户外路牌	100万元
	广播	60万元
	报纸、杂志	60万元
广告代理	广告制作	80万元
	广告策划	30万元
公关促销活动		200万元
市场调查		30万元
机动调节		80万元
总　　计		1 180万元

(见本书文案篇《女儿红酒扩展国内市场广告策划书》)

(二) 同行动计划合并撰写

例如：

....

八、活动预算

本次推广活动共分为四个阶段：

(一) 集中炒作：执行时间(11月1日～11月15日)，约占推广总费用的40%。

(二) 造势：执行时间(11月6日～次年1月10日)，约占推广活动总费用的20%。

(三) 时尚定位：执行时间(次年1月17日～2月17日)，约占推广活动总费用的30%。

(四) 大年秀不断：执行时间(次年2月18日～4月30日)，约占推广活动总费用的10%。

说明：本方案预算费用只是概数，偏于宏观把握，无法作出精确估算。今后各项开支都将以此为依据，不会有太大浮动，最后以实报实销结算。

(引自《我型我秀节目推广策划书》)

十四、策划的效果及预测

策划的效果及预测,是撰写者对项目策划实施后产生的效益和效果作出的判断与说明。商务策划书对效果及预测的撰写,必须建立在市场调查和科学运算的基础上,通过简练、清晰、准确的表述,对项目策划实施以后的回报进行说明与展望。这部分内容的撰写,使商务策划书对于策划思维的表达,更加坚实和周严。

在商务策划书中,策划的效果及预测有时被称作"发展前景"、"效果展望"等,所占篇幅的比例一般很小,而且大都在商务策划书的结尾出现,撰写方式也灵活多样。下面是常见写法的实例。

(一) 把效果与财务预测一起写

例如:

>　……
>
>　七、预算及效果测评
>　(一) 项目盈利模式
>　卡地亚的盈利模式,主要是 B2C(Business to Customer,企业对消费者的电子商务模式)商城盈利模式。
>　(二) 项目成本分析
>　卡地亚网络营销成本,分为初期开发成本与后期推广与维护成本。
>　1. 初期开发成本
>　初期开发成本包括硬件成本和软件开发成本。
>　设备费用:
>　(1) 域名注册:中文通用域名,每个 280 元/年。
>　(2) 虚拟主机:MS SQL(Microsoft SQL,微软数据库平台)(50MB),1 200 元/年;WAP(Wireless Application Protocol,无线应用协议)支持,在原虚拟主机价格的基础上增加 30%;聊天室(100 人),800 元/年,共 2 360 元。
>　开发费用:
>　硬件成本,租赁一台大连网通服务器-XD3080,市场价格 5 000 元/年,

且送一年使用权。

虚拟空间租用,50M主机空间,400元/年。

(1) 系统

系统内容及费用表

系统内容	价格
新闻发布系统	1 500元
公告发布	500元
产品发布/网上订购	2 000元
管理员综合系统	1 000元

(2) 网站开发:整个网站初期设计成本,包括1个主页、10个子页,共11个页面,外加整体网站CI(Corporate Identity,企业视觉形象识别)设计,合计约为6 250元。

初期开发成本总额为20 000元左右。

2. 后期推广与维护成本

后期推广与维护成本,包括虚拟市场推广费用和硬件维护费用。

前三个月广告投放费用约为50 000元。

硬件维护费用为2 500元/人月×4人×12月=120 000元。

1年期总成本为17万元左右。

(三) 项目盈利分析

卡地亚电子商城初期盈利较低,预计需要11个月方能赢回成本,第12个月开始盈利。

(见本书文案篇《卡地亚珠宝企业网络营销策划书》)

(二) 作为单独的层次

例如:

　　............

三、经济效果与活动发展趋势测评

每年度在"置业安家"版原有正常广告数量基础上增加52个通栏广告(每周一次"双休购房直通车"行车线路及"楼盘看点")。

每年度在"置业安家"版原有正常广告数量基础上增加一定数量的跨版广告(如"××市楼盘导购指南图")。

预计每一个季度参与"双休购房直通车"活动的开发商（楼盘）不低于40家。

这一活动必将促进开发商在××晚报"置业安家"版上进一步加大广告的投入。

进一步扩大××晚报电子网页的作用与影响,扩大客源,增加收入,为报社的两个文明建设作出新贡献。

本次活动将提升××晚报"置业安家"版的权威性、公正性和服务性,吸引更多的读者。

本次活动将逐步成为购房者选购房屋的必由之路。

本次活动将逐步成为开发商售房行之有效的必备途径。

四、组织形式

••••••

（引自雷鸣雏《顶尖策划》）

只有极少数情况,策划的效果及预测被安排在正文中间出现,一般都在商务策划书将要结束时,对效果及预测进行阐述。

需要说明的是,有些商务策划书出于表达的需要,在结尾处经常出现"策划的实施与控制"、"项目风险估计"、"有关注意事项"、"广告效果评估"等内容,虽然这些内容与策划的效果及预测表达的意思并不完全一样,但都必须与策划的主题、写作目的以及项目策划的具体情况相适应,必须是策划思维的有机组成部分。

十五、附　　件

在商务策划书的写作中,如果把某些十分具体的子项目材料、基础资料以及参考事例等写入正文,商务策划书就会显得脉络繁杂、内容累赘、相互淹没、不得要领,因此有必要将其作为附件来单独行文。这样既方便了策划思维的表达,也为撰写者从侧面证明项目策划的客观性提供了方便条件。

附件的选择,应当以有助于阅读对象对策划方案的理解为前提。资料恰当而择要,内容井然而有序,可用可不用的不用为宜,可说可不说的不说最好。特别在附件较多时,更要坚持这些原则。

我们在前面"商务策划书构成要素在写作实践中的应用"里面,曾介绍了"××变频空调2000年营销行动策划案"剥离相似子项目内容的例子。在这个例子里,撰写者将其中五个内容不同但构成要素相近的子项目内容,作为附件列于文后,使策划思维的表达中心突出、主次分明。

基础资料、参考事例是商务策划书的背景材料。基础资料是指项目策划使用的一系列资料或情报。参考事例指的是已经发生的内容相似的策划案例。作为附件,这部分内容可以有效地向阅读对象表述撰写者辛勤努力的过程,而且还会使阅读对象产生认同项目策划的必然性和权威性的心理效应。在具体写作过程中,当基础资料和参考事例的数量较多时,可以另编成册并加目录来介绍其中的内容。下面是基础资料、参考事例目录表现方式的实例。

附件:
一、基础资料部分
  1. ××××年度人口动态调查(与正文中××页有关的资料) … 1
  2. ××××年度××月月报汇要(与正文中××页有关的资料)
     …………………………………………………………… 3
  3. ××××年度农林水产统计(与正文中××页有关的资料) … 6
  4. 部分杂志关于××报道的复印件(与正文中××页有关的资料)
     …………………………………………………………… 7
  5. ××××年×月主要报纸相关报道的复印件(与正文中××页
     有关的资料) ……………………………………………… 16
二、参考事例部分
  1. 对××××年×月广告效果的测定(与正文中××页有关的
     事例) ……………………………………………………… 26
  2. ××××年度相关的杂志广告一览(与正文中××页有关的
     事例) ……………………………………………………… 34
  3. 对同行业其他公司业绩盈亏情况的测定(与正文中××页
     有关的事例) ……………………………………………… 41

第六章
成功表达的途径

一、语言文字的有效运用

语言是人类最重要的交际工具,撰写任何文章,都离不开语言文字。商务策划书的写作,经过材料的取舍、主题的确定、结构的安排,掌握了基本的撰写方法之后,还要通过语言文字将策划思维完整地表达出来。

提高语言文字的运用能力,对于策划人员来说十分重要。"没有高超的文笔功夫,很难做一名合格的商务策划师。我们发现,凡是被实施的策划案,无论这个方案对与错,其文字表达都十分讲究,对问题的分析充满了独特见解。"(史宪文《OK策划决策模式》)一些优秀的策划人员,十分重视语言文字的运用,在他们笔下,商务策划书的语言文字表现出了很高的表意达理技巧,为他们在激烈的市场竞争中"领先半步"起到了"锦上添花"的作用。"工欲善其事,必先利其器。"策划人员要想通过商务策划书在有限的市场机会里"独占鳌头",就必须提高语言文字的运用能力。

商务策划书的语言文字,同所有文章一样,包括了字、词、句的运用。就写作能力而言,字有时并不十分重要,但是对于商务策划书来说,却不能等闲视之。一份错字连篇的商务策划书,只能使阅读对象对撰写者的能力和水平产生疑虑,导致商务策划书的价值大打折扣。词汇构成了商务策划书语言文字的基本元素。占有词汇的多寡,是检验撰写者写作能力高低的一个重要标准。没有丰富的词汇,策划思维的表达就谈不上严谨、周密,商务策划书的写作自然也就劳而无功。词汇的运用,讲究的是精确,需要撰写者反复推敲,不能不经斟酌随意而用。语句的运用要符合语法规则,要能体现出语句之间内在的有机联系,如果不规范,缺少逻辑性,撰写者就不能有效地与阅读对象进行交流,当然也就无法实现说服的目的。字、词、句之间的关系不言而喻,不能片面地强调,必须综合运用。只有在综合运用的基础上,字、词、句在商务策划书中的表现,才能有丰富多彩的内容。

(一) 商务策划书语言文字的特点

1. 实在性

商务策划书的本质特征,决定了商务策划书的语言文字必须实实在在。表意不能有"水分","一就是一,二就是二";达理必须有逻辑性,所谓"种瓜得瓜,种豆得豆"。商务策划书的语言文字,绝少使用象征、夸张等修辞方法,以及"余音绕梁"、"回味无穷"等文学联想和抒发感情的感叹语句。即使是语言文字表现得文采飞扬的商务策划书,也必须坚守实在性的原则。一切虚浮的、模糊的,或者容易产生歧义的、似是而非的语言文字,都会使阅读对象产生腻烦之感,甚至对撰写者的诚信度产生怀疑。

2. 专业性

商务策划是一项专业性极强的经济活动,各种与策划项目相关的专业术语,在商务策划书中被广泛地使用。一般来说,商务策划书里面都包含了一定程度的专业知识。营销类的商务策划书离不开营销学、会计学、统计学等专业知识,专题活动类的商务策划书,内容再简单,也必须有财务预算方面的专业内容。专业术语的广泛运用,使商务策划书的语言文字产生了明显的专业性特点。专业性的特点,增强了商务策划书语言文字的准确性,为撰写者科学地表达策划思维,提供了有效的工具。

(二) 商务策划书语言文字运用的原则

1. 准确清晰

准确清晰,要求撰写者通过精当的词语,准确无误、清晰利落地反映出项目策划内在规律的本来面目。在商务策划书中,字、词的选择要意能称物,语句的运用要文能逮意,而且必须条理清楚、明白规范。准确清晰,对于以实践为落脚点的商务策划书来说至关重要。

写作活动中,这方面存在的问题主要有以下几个方面:

(1) 词义的表述不准确,缺少科学性。例如:

　　本策划的目标是,××××年度销售收入比上年度的 200 万元增加两倍,达到 400 万元。

"增加两倍",词义的表达不恰当。上年度的销售收入是 200 万元,要增加到 400 万元,应当是"增加一倍"或"增加到两倍",而不是"增加两倍"。再如:

　　销售价从 20 元降到 10 元,降低一倍。

这种表述也不准确,降低是减少,不能用倍数,"降低一倍"应当改成"降低一半"。

(2) 不能准确区分近义词的细微差别。例如:

　　在××地区×年内扩大到××万亩(1 亩 = 666.67 平方米)。

"扩大"指的是范围、规模比原来大,而"扩展"指体积的向外伸展,因此,这个句子里的"扩大"应当换成"扩展"才更为贴切。类似的问题在近义词的使用中,也不鲜见。

(3) 句子的结构不科学。商务策划书应当尽量使用简洁明快的句子结构,使人一目了然。下面这个例子,足以使阅读对象如坠雾中:

　　在建筑物相邻的停车场停车,是受停车场设计给工人的交通工具及最外面的几块空间要留给大楼的管理者等原因制约的,所以员工们应该在正常时间内另作停车打算,或考虑共同使用交通工具。

(4) 简称的使用不得当。例如:

　　本方案由××市世策联策划。

"世策联"是"世界商务策划师联合会"的简称,可以在特定的语言环境中使用,但是在这个例子里使用就不得当。一般来说,应当用全称表示执行单位,这样的简称很容易让局外人不知所云。

(5)词句的组合不规范。语序错置,关联没有准则,搭配不讲规矩等情况,在有些撰写者笔下时而出现,使阅读对象读起来别扭,很难弄清撰写者要表达的意思。例如:

  ×××产品具有很强的竞争力,通过科学的营销策略和手段,可以开掘出产品巨大的蕴藏着的市场潜力。

这是语序安排失当的例子。后面的句子,应当改成"可以开掘出产品蕴藏着的巨大的市场潜力"。再如:

  由于我们把××产品设计了三个系列,所以对××产品又进行了细分,形成了产品的不同策略。

在汉语语法中,虚词"由于"应当与"因此(因而)"关联使用,这个例子中的"所以",应当改成"因此(因而)"。再看下面:

  导入阶段,通过促销活动,向消费者介绍××产品的形象。

这个句子的毛病,是动词"介绍"与宾语"形象"的搭配不合规矩,应当改成"向消费者介绍××产品的技术性能、使用方法,树立××产品在消费者心目中的形象"。

上面介绍的,仅仅是制约语言文字准确清晰表达的一些常见问题。在商务策划书的写作中,类似的问题还有很多。产生这些问题的主要原因是,撰写者运用语言文字的功底薄弱,缺乏运用语言文字的基本功。因此,初学者需要在经常性的写作实践中,不断提高语言文字的修养和语言文字的表达能力,避免出现因小失大,在市场竞争中让对手贻笑大方的尴尬局面。

2. 简约平实

简约平实,要求撰写者对语言文字的运用言简意赅,用较少的文字表达尽可能多的意思,所谓"意则期多,字惟求少",而且质朴无华、通俗易懂。商务策划书是基于实践的产物,很少包含欣赏的因素。因此,其语言文字必须体现出洗练、朴实的大众化特点,力避烘托、渲染和夸张等文学手法的使用,远离生僻晦涩的词句。讲求实效性,是商务策划书语言文字最突出的特点。

要做到简约平实,必须注意以下几个问题:

(1) 废话、套话坚决不用,做到"惟陈言之务去"。例如:

> ××公司的迅速崛起,是因为去年年底在××公司领导的高度重视下,调动各方面力量,开发出了××产品。××产品的开发,使××公司打开了新的局面,在××××技术方面,领先于其他公司,使其他公司在行业竞争中刮目相看,这是因为××公司形成了其他公司不可比拟的技术优势。

上面的例子里面,撰写者没有对语句进行认真的思考和处理,废话太多,啰嗦拖沓,有些句子还有语法上的错误,"公司领导的高度重视下"、"打开了新的局面"则有套话之嫌。这段话如果改成,"××公司崛起于××产品,××产品的开发,使××公司的××××技术,遥遥领先于其他公司",效果就大不一样了。

(2) 不堆砌词藻,力求简练、直白。初学者常犯的毛病,是放纵个人的用词兴趣,为了表达而表达,结果造成词藻堆砌、语句臃肿,给人以矫揉造作、华而不实之感。例如:

> 本产品的包装,在保留现有包装高贵、典雅、质朴、大方,新颖别致、小巧玲珑特点的基础上,更要在美观适用的形状的选择、赏心悦目的图案的创意、和谐愉悦的色彩的运用、错落有致的文字的美化、大小适中的体积的设计方面,体现出崭新的时代气息、超前的时尚潮流、动人的商家热忱、精致的工艺品乐趣,吸引消费者流恋往返,爱不释手,必一买为快。

本该几十个字就说清楚的,却拉扯成一段。词藻的大量堆砌,不但使语句冗长,读起来累赘,而且有卖弄之嫌。商务策划书语言文字的运用,必须惜墨如金、朴实无华,使阅读对象在最短的时间里,获取到尽可能多的信息。这个例子完全可以改成,"本产品的包装,在保留现有包装风格的基础上,更要在形状、图案、色彩、文字、体积的设计方面,体现出时代的特点,达到让消费者爱不释手、一买为快的目的"。

(3) 专业术语、行业惯用词语的使用,必须自然精当、恰到好处。在商务策划书中,专业术语和行业惯用词语运用得好,可以使语言文字简洁明了,运用得不

好,则会捉襟见肘,适得其反。专业术语、行业惯用词语的使用,讲究的是"水到渠成"、精确恰当。例如:

> ××含片以最受欢迎、使用最广泛的维生素C为产品原料,是维生素P——包括生物类黄酮(Bioflavonoid)、橙皮素(Hesperitin)和可帮助吸收维生素C的酶的复合产品,是营养价值最高的维生素C。产品以保健品的名义出产,但在服用方式上与食品相近。

这个例子,对于专业术语和行业惯用词语的使用就比较得体。几个专业术语和行业惯用词语(服用方式),被撰写者信笔写来,既简洁清楚,又顺畅自然。当然,在阅读对象能够了解和接受的前提下,通过通俗易懂的语句,把专业术语和内容涵盖其中,会使商务策划书的语言文字更具亲切感。例如:

> ××产品结合中国传统植物护发经典和现代洗发科技于一体,成功地从黑芝麻中提取头发滋润黑亮精华素,形成了××黑芝麻洗发露的独特配方。从发根到发梢深层滋养秀发,促进头发健康,另含植物去头屑成分,抑制头痒,让秀发时刻焕发自然乌黑的风采。

3. 灵活生动

灵活生动,要求撰写者在准确把握商务策划书语言文字特点的基础上,活泼、生动地运用语言文字。

商务策划书的语言文字,最重要的是准确清晰、简约平实,但是某些时候使用一些恰当的修辞手段对语言文字进行必要的"装饰",能够给商务策划书的表达带来生动、形象的效果。例如:

> ……………
> 九九女儿红,埋藏了十八个冬
> 九九女儿红,酿造一个十八年的梦
> ……………

这是一份商务策划书的结尾。撰写者通过前面对策划环境、策划内容和策划执行方案的分析、阐述,在商务策划书的最后,巧妙地运用比拟手法,把项目策划的必然性和对未来的展望,蕴涵在这两行诗化的语言文字当中,令人印象深刻。在商务策划书中,修辞手段的运用,一定要慎之又慎。初学者在不能准确把握商务策划书特点的情况下,应当避而远之。

灵活生动,还要求商务策划书的语言文字要有节奏感。节奏感,讲究的是通过语言文字声调的高低、升降、长短变化,形成抑扬顿挫的音节美。商务策划书虽然与文学作品有着本质的区别,其语言文字同样需要音意兼美。这既是出于表达的需要,也是为了调动一切手段来说服阅读对象。语言文字读起来生硬、拗口,同样会损害商务策划书的价值。

二、科学的表达方式

表达方式是指表达文章主题和内容的方式和手法。商务策划书中的表达方式主要有叙述、议论、说明和描写。在一篇商务策划书中,这几种表达方式往往相互依存、交织使用,不能决然分开。为了论述方便,下面分别对这几种表达方式进行介绍。

(一) 叙述

叙述,是陈述事物状况和发展变化过程的方法,具有整体勾画、着重过程的特点。在商务策划书中,主要用来交代背景、介绍情况,为某些观点的阐述提供事实论据等,起着反映事物全貌以及内在联系的作用,是商务策划书常见的表达方式。

商务策划书中的叙述,与一般的记叙文相比,有着明显的个性特点。在记叙文中,为了保持事件的完整性,叙述时必须清楚地交代出人物、事件、时间、地点、原因和结果。而商务策划书中的叙述,虽然也必须直接或间接地交代出这六个要素,但更强调从客观事物的本质特征出发,将概括的场景或事件贯穿起来,对客观事物发生和发展的概貌以及内在联系进行表述和揭示,以求阅读对象对客观事物的全貌有总体的认识。在具体的叙述过程中,出于表达的需要,某些要素在商务策划书中也经常被省略。

叙述的方法有顺叙、倒叙和插叙等。商务策划书中的叙述,为了能够使阅读对象快捷地了解撰写者表达的内容,大都采用符合人们思维习惯的顺叙方式,顺序而叙,"流动"成章。叙述的详略程度不同,使得叙述有了概叙和详叙之分。商务策划书中的叙述,一般以概叙为主。概叙的方法,不要求细节上的"精雕细刻",而是着重事物发展过程的整体描述,进而表明原委,揭示事理。

在商务策划书中,叙述方法的使用主要有以下几种情况:

1. 交代策划背景

例如:

> 近几年来,中国汽车产业和汽车市场发展极为迅速。2003年汽车年产、销量双双超过400万辆,汽车投资方兴未艾。30款新车型竞相亮相,性价比及服务体系日臻优化,五大政策即将出台,国内汽车消费占全球汽车消费比例猛增至7.5%,……中国的汽车市场在全球的分量日益重要,为汽车展览的发展提供了经济基础和强有力的产业背景支持。而汽车展览作为人们与汽车近距离接触的最全面、便捷的渠道,在推动汽车市场发展方面也具有显而易见的重要作用。
>
> 增城市位于广州市东面,地处广州、东莞、深圳、香港等发达城市所处的区域之间,紧连广州经济开发区、广州科技城、黄埔区和白云区。市内有广九铁路和广汕、广梅、广深公路以及广深高速公路、广园东快速路经过。南部新塘港与黄埔港相邻,设有客运码头,每日有客、货轮直航香港。完善的交通体系,使增城与珠江三角洲连成一体,是广州通往深圳、香港和粤东各地的交通咽喉,被经济学家称为"黄金走廊",也是最具开发潜力的广州东部板块。增城市委、市政府坚持"打基础、造环境、抓服务、重管理、促发展"的工作思路,主动打好"广州牌",配合广州"东进",实施"南部带动"、"工业强市"、"北部追赶"和"可持续发展"战略,突出产业化结构调整、基础教育、基础设施和城市化建设等重点工作,保证了全市政治稳定,经济和社会各项事业的快速、健康发展。随着经济社会的快速发展,增城的综合实力不断增强,近两年来全市生产总值快速增长。在这种良好的态势下,增城旅游业、会展业也将踏上一个新的台阶,在全市经济中所占的份额也在逐年提高,每年都能吸引大批的海内外嘉宾,已成为朝阳产业和全市经济发展的重要增长点。

(引自《增城首届汽车展销会策划案》)

这是一份商务策划书的"前言",撰写者开篇便对项目策划的背景进行叙述,脉络清晰,详略得当。

2. 介绍企业或项目的概况

例如：

  2006年扬州的旅游宣传片将扬州定位为"中国运河第一城"，理由是春秋吴王夫差十年（公元前486年）在扬州开凿邗沟，以通江淮，这是京杭大运河的萌芽。但编写《中国运河史》的教授戈春源认为，"运河中历史最悠久的一段不是邗沟，而是苏州段的一部分。"目前，不管是众多媒体，还是运河沿岸的城市，都普遍认为吴王夫差开凿的由扬州到淮安的邗沟是运河中最古老的一段。而戈教授认为，运河最古老的一段在苏州。扬州到淮安的邗沟开凿于公元前486年，而于唐时得名的常州府运河却开凿得更早，在苏州建城时与护城河几乎同时挖掘，时间大约在公元前514年以后不久。

  即使邗沟是京杭大运河最初的萌芽这个史实没有错，扬州也最多只能叫"京杭运河第一城"，而不是"中国运河第一城"。《史记》《水经注》等书记载的中国最早的运河，应当是公元前613年楚庄王即位后，任用鄙人出身的孙叔敖为令尹，因晋楚争霸战争以及北上会盟"问鼎中原"的需要，而开凿的荆汉运河和巢肥运河。荆江运河把发源于荆山流入长江的沮水，与发源于郢都附近流入汉水的扬水连接起来。巢肥运河把淮河的支流肥水，与流入巢湖、经濡须水入长江的施水连接起来。国内目前在争抢"运河之都"称号的有江苏淮安、山东济宁两个城市。运河之都是指历史上京杭大运河沿岸对运河发展具有重要意义，并在很大程度上受益于运河的城市。自元代开始，济宁就设有管理运河的机构，到了清代，更把管理整条京杭运河航运事务的衙门设在济宁。淮安在明清两朝时是"漕政通乎七省"的漕运总督驻节之地，从而成为漕运的中枢。

  2008年9月，在第四届中国大运河文化节的大运河保护与申遗高峰论坛上，中国古都学会会长朱士光教授向淮安市授予"运河之都"匾牌。而中国唯一以千年运河为主题的博物馆——中国京杭大运河博物馆却位于杭州拱墅区运河文化广场南侧，毗邻大运河南端终点标志——拱宸桥。2006年5月24日，全国政协京杭大运河考察团的京杭大运河保护与申遗"杭州宣言"，标志着大运河保护与申遗工作正式启动。所以，扬州与运河沿岸众多城市争夺"京杭运河第一城"，优势并不明显，而所谓"中国运河第一城"更是不符合史实。

（引自《中国第一风雅古城——扬州旅游品牌策划》）

  这个例子，撰写者使用叙述的方法，全面、准确地对项目概况进行历史和现实的分析，进而表明策划的起因。

3. 为策划观点的表达提供事实论据

例如：

> 公司具有较先进的技术和设备。
> 　近几年,公司技术改造投入×万余元,引进德国金钟默勒公司(MOLLER)的断路器生产线、加工设备及检测设备,购入比利时具有国际20世纪90年代水平的数控剪板机等设备,以重点开发电控柜。这些技改项目为公司的整体发展注入了强大的动力,为产品开发打下了坚实的基础。在技术创新上,从1995年至1999年5年间,公司共完成技术创新项目×项,实现销售额×亿元,净利润×万元。公司的产品无论在质量上还是技术含量上在国内同行业中都享有比较高的声誉。1999年,公司顺利通过了ISO 9002质量体系认证,主导产品达到国际80年代末90年代初的水平。
> （引自雷鸣雏《顶尖策划》）

这个例子,撰写者为了阐明"公司具有较先进的技术和设备"的观点,对公司几年来技术改造和技术创新情况,以及由此为公司带来的变化,进行了简要而清晰的叙述,为策划观点的阐述,提供了有力的事实依据。

商务策划书中的叙述,必须明白交代、彰显线索、规矩详略,一般情况下,应当不用或者少用形容词和修辞手法。

(二) 议论

议事论理,谓之议论。在商务策划书中,议论被更多地应用在策划环境的分析当中。撰写者通过事实材料和逻辑推理,对与策划项目相关的环境因素进行科学的分析,进而直截了当、旗帜鲜明地揭示出事物的因果关系,表明自己的观点和主张。

议论的三要素是论点、论据和论证。

论点是撰写者对所论述问题持有的观点和主张,是使用论据、进行论证的基础和核心。在商务策划书中,论点常常表现为撰写者对相关环境因素分析后产生的看法和评价。论点重在挖掘。

论据是用来证明论点的材料,是论点得以成立的理由和依据。构成论据的材料包括事实材料和理论依据两部分。商务策划书中的论据,采用的基本是事实材料,包括概括的事实、数据、统计资料等。采用理论依据作为论据的情况比较少见,但在某些时候恰当地使用,会增加商务策划书的说服力度。论据重在拓展。

论证是运用论据阐明论点的方法和过程。论证的过程必须揭示出论点和论据之间的逻辑关系。商务策划书对于环境因素的论证,比议论文的论证来得更快当和简洁,一般来说,不追求完整的推理论证形式,而是直接对构成环境因素的客观事实进行因果分析,得出结论。论证的方法,也只采用证明(立论)的方式。论证重在机智。

商务策划书中证明的方法,主要有以下几种:

1. 举例

即以概括的事实、统计数字等作为论据,来证明论点的正确性。例如:

> 随着工业化、都市化、信息化程度的不断提高,生活节奏的不断加快,社会竞争的日益加剧,人们的心理压力越来越大,人们对心理咨询、心理辅导的需求越来越迫切。根据预测,进入21世纪后,我国各类心理卫生问题将更加突出。健康心理咨询作为一种通过科学方法和手段提供有效心理援助的专业活动,是现代社会的一个重要职业领域,将成为我国热门的职业之一。美国著名成功学家戴尔·卡耐基(Dale Carnegie)认为:一个人事业上的成功,只有15%取决于他们的学识和专业技术,而85%是靠良好的心理素质和善于处理人际关系。
>
> 来自国际心理治疗大会的数字表明,保守地估计,中国大概有1.9亿人在一生中需要接受专业的心理咨询或心理治疗。我国心理咨询业蕴藏着巨大的潜力和商机,有广阔的发展空间。近期,中华人民共和国劳动和社会保障部(以下简称劳动和社会保障部)决定,于6月25日增加一次心理咨询师国家职业资格三级和二级鉴定,下半年的职业资格考试初定为11月13日,由省级职业鉴定指导中心具体实施。劳动和社会保障部也将于今年下半年颁布新版心理咨询师国家职业标准,并启用新版教程。在我国的很多高校,尤其是教育类的高校,越来越多地开设或者是加强了心理学科的建设,这为满足市场的需求提供了源源不断的动力。
>
> 当前心理咨询行业的调查显示,从业人员良莠不齐,心理咨询市场一片混乱,令人担忧。目前,正规的心理咨询机构主要分为三类:医院心理咨询(治疗)门诊、学校心理咨询室和社会上有相关执业资格的心理咨询机构。目前怀化市正规的心理咨询机构还不足10家,具有国家心理咨询师培训资格的机构也仅有3家。但是省心理学会理事长提供的数据显示,因为各种原因导致心理障碍的大学生占大学生总数的10%~30%。湖南省作为教育大省,需要进行心理咨询的大学生可以说数量惊人。而且在经济收入较高地区,例如高新技术开发区,那里的人们受教育程度较高,收入也较高,生

活节奏较快,工作压力也相对较大。由于物质和精神常常是矛盾的,人们在满足物质生活的同时,也经常会付出一些精神上的代价,而且根据亚伯拉罕·马斯洛(Abraham Harold Maslow)的需要层次论,人们在满足基本生活需要的同时,会加大对社会、尊重、自我实现这三方面的精神需要。由此可见,我市心理咨询市场是非常有前景的。

(见本书文案篇《心理咨询公司创业策划书》)

这个例子里面,撰写者使用的便是举例的方法。撰写者以简要的事实材料和典型的统计数据作为论据,客观地论证了策划观点产生的必然性。撰写者以精当、完整的事实材料作为论据,使阅读对象对撰写者阐述的观点确信无疑。

举例的方法,产生的是"事实胜于雄辩"的效果,因此在商务策划书的写作中被广泛地使用。

2. 分析

通过对问题的分析,揭示论点和论据之间的因果关系,从而证明论点的正确性,这也是商务策划书常用的论证方法。下面这份商务策划书对于项目品牌的论证,使用的便是分析的方法。

(1) 黄酒至今已有6 000余年的酿造历史,被公认是世界三大古酒(葡萄酒、啤酒、黄酒)之一。中国黄酒历史悠久,产地较广,品种繁多,均是以大米为主的五谷为主要原料,经蒸煮、糖化、发酵、压滤而成的原汁发酵酒。由于原料、配方、工艺、地域不同,形成了不同品种及风味的黄酒。著名的有绍兴加饭酒、福建老酒、江西九江封缸酒、江苏丹阳封缸酒、无锡惠泉酒、广东珍珠红酒、山东即墨老酒、兰陵美酒、秦洋黑米酒、上海老酒、大连黄酒。中国的黄酒以含糖量高低分类,主要名品有:元红酒(即"状元红")、加饭酒(俗称"肉子厚")、花雕酒("女儿红"是花雕酒中的名品)、善酿酒和香雪酒。黄酒很少做自我宣传,所以现代人尤其是年轻人对黄酒缺乏了解,有的甚至仅把黄酒当作厨房里的烹饪料酒,而没有看到或不知道这一中华瑰宝的内在价值。

(2) 女儿红牌女儿红酒以精白优等糯米、自然培养麦曲和酵母纯种的多菌种发酵剂以及得天独厚的鉴湖水为主要原料,添加人参、当归、黄芪、枸杞等名贵中药材,采用独特工艺酿造,再经多年陈化而成。该酒色泽橙黄透明有琥珀光,味醇厚甘鲜,具有半干型优质绍兴酒特有的馥郁芳香、酒体协调和"陈、醇、专"之特色。女儿红酒含有人体所需的20多种氨基酸和钙、锰、铁等多种微量元素,属滋补型低度酒,口味绵甜醇厚,具有滋养颜面肌肤,抗衰老,活血安眠等功效。

女儿红酒源于晋代时期绍兴的地方习俗,文化内涵丰富。原来生女儿的人家,在女儿出生当年酿制几坛酒,密藏于地窖或夹墙内,一直到女儿出嫁时取出来,或作陪嫁,或在婚宴上款待客人。一坛酒存放 17~18 年以上往往会浓缩成半坛,甚至更少些,其质量绝佳。

(3) 从产品的原料和酿造工艺上讲,女儿红牌女儿红酒并没有绝对的优势,因为其他著名品牌的黄酒也是这么酿造的,所不同的仅在一些配料上的差别而已。甚至在产品质量上,女儿红酒还略逊一等。但是女儿红酒拥有其他品牌所没有的传统文化的内涵,也就是作为中华老字号的品牌知名度。对许多不了解黄酒的消费者来说,他们可能不知道"古越龙山",但不会不知道"女儿红"。"女儿红"这个名词因为它美丽的传说而产生,因为无数优秀的文学作品(如金庸的《笑傲江湖》)而流传,前几年又因陈少华的一曲《九九女儿红》而被现代年轻人所熟知。

绍兴女儿红酿酒总公司没有充分利用好女儿红酒的这种品牌内涵,在产品定位上亦步亦趋,基本是模仿其他品牌的定位模式(这在黄酒行业内部是普遍现象),使得自己没有明显的个性特征,从而很难在市场营销上占据领先的位置。鉴于此,本策划综合考虑女儿红牌女儿红酒的产品、品牌的优劣势,将该产品定位为融入了浓厚感情色彩的、传统老字号的、中低价位的百姓化黄酒。

(见本书文案篇《女儿红酒扩展国内市场广告策划书》)

在这个例子里面,撰写者通过对项目资源等情况的具体剖析,阐明了项目的优势所在,因果明确、推理科学,有着很强的逻辑性。而且每一个观点的阐述,均是前因后果,简练的事实材料同直接的分析有机地结合在一起,使论点的确立真实可信。

有些商务策划书在分析之后,往往对问题加以综合,使论点的表达更加清晰和突出。例如:

3. 企业与竞争对手的比较

(1) 机会与威胁

机会:在研究消费者对竞争对手的看法时,发现红色王老吉的直接竞争对手(如菊花茶、清凉茶等),由于缺乏品牌推广,仅仅是低价渗透市场,并未形成"预防上火"的饮料定位。而可乐、茶饮料、果汁饮料、水等,明显不具备

"预防上火"的功能,仅仅是间接的竞争者。

威胁:在两广以外,人们并没有凉茶的概念,而且内地消费者"降火"的需求已经被填补,大多是通过服用牛黄解毒片之类的药物来解决。做凉茶困难重重,做饮料同样危机四伏。如果放眼到整个饮料行业,以可口可乐、百事可乐为代表的碳酸饮料,以康师傅、统一为代表的茶饮料、果汁饮料,更是占据难以撼动的市场领先地位。

(2) 优势与劣势

优势:在众多老字号凉茶品牌中,以王老吉最为著名。王老吉凉茶发明于清道光年间,至今已有175年历史,被公认为凉茶始祖,有"药茶王"之称。到了近代,王老吉凉茶更随着华人的足迹遍及世界各地。

劣势:红色王老吉受品牌名字所累,并不能很顺利地让广东人接受,作为一种可以经常饮用的饮料。而在另一个主要销售区域浙南,消费者将"红色王老吉"与康师傅茶、旺仔牛奶等饮料相提并论,作为当地最畅销的产品。企业担心,红色王老吉可能会成为来去匆匆的"时尚"。

(3) 主要问题点

核心问题是产品没有品牌定位。

…………

(引自《"王老吉"的营销策划书》)

这里,撰写者在详细分析了企业与竞争对手在机会与威胁、优势与劣势方面的情况后,对"主要问题点"进行了综合归纳,使结论明确、突出。分析和综合在其中相辅相成,分析使论证的过程深入、具体,综合使论点的产生自然、科学,极具说服力。

需要注意的是,分析一般要同举例结合起来使用。在以说服为目的的商务策划书中,单纯的举例或者分析几乎是不存在的。

3. 引证

引用经典名言、科学公理以及生活常理等作为论据,来证明观点的情况,在商务策划书的写作中并不多见。但在必要时偶尔一用,会使论证的过程扎实、深刻,增强说服的效果。例如:

西北市场开发整合营销

(一) 理论依据

罗伯特·劳特朋(Robert Lauterborn)的 4Cs 理论(The Marketing

Theory of 4Cs)：消费者的欲求和需要，消费者获取满足的成本，购买的方便性，互相间的沟通。

营销理论：营销是选择所要进入的市场，所要提供的产品及价格，所要经过的渠道，所要传送的信息和服务，最后取得商业利润与品牌度的管理过程。

整合营销就是从消费者的角度作逆向思考，通过研究他们的需要和欲求及他们为此愿意付出的成本，进行多角度、全方位的行动策划，以求在双方沟通和购买方便性上取得成功，最终实现利润、市场占有率和品牌知名度等效益。

整合营销是过程的整合，表现为从前期的市场准备，到胸中形成完整的蓝图。不是走一步看一步，而是从长远的发展策略上为企业的经营和品牌做稳固的思考。

整合营销，要求将消费者的需求始终放在第一位，以优质服务赢得消费者的信赖，树立企业在消费者心中长期而良好的印象。核心是围绕顾客需求，展开整体运作。整合需要把长远的策划和创意营销过程融合成有机整体。

（二）市场状况

…………

（引自雷鸣雏《顶尖策划》）

撰写者在这里引用了劳特朋的4Cs理论和整合营销的基本原理，为具体的论证提供理论论据。应当说，撰写者对于引证的处理是很高明的。放在开篇，既为下面观点的阐述提供了总的指导性依据，又使商务策划书的表达简练、严谨、清晰。引证，应当注意引用内容的权威性，要少而精，语言的表达也要准确、朴素和直白。

对商务策划书议论的要求，主要是论点要正确、鲜明，不能无的放矢，含混不清；论据要真实、可靠，不能信手拈来、不加甄别，要尽量选择典型的材料作为论据；论证要严谨、科学，合乎逻辑，使论点和论据有机地统一起来。

(三) 说明

说明是用简洁、平实的语言，对事物的形态、构造、成因、性质、种类、功能，或者概念、特点、来源、演变、异同、行为等进行解说，使阅读对象对具体或抽象的事物有清楚的认识。在商务策划书中，一般在细说产品、解释特有概念，以及对策划的目标、策略和行动计划进行解说时，使用说明的方法。

在商务策划书中，叙述注重的是事物发展变化的全貌和过程，议论注重的是通过事实材料和逻辑推理表明态度和主张,说明则注重知识性和操作性,告诉阅读对象客观事物"是什么"、"怎么做"。叙述是"流动"过程的阐述,议论是因果关系的推论,而说明教人以知识,指出操作的方法。我们前面说过,商务策划书主要表现的是"做什么"、"为什么这样做"和"怎么做"这样一条思维线索,说明方法的使用,明确回答了阅读对象关于"是什么"和"怎么做"的问题,同叙述、议论等表达方法一起,完成了商务策划书将说明升华为说服的过程。

商务策划书中说明的方法,主要有以下几种:

1. 定义说明

即指出概念的特有属性,也叫作下定义。例如:

> 维纳斯计划,由美国微软公司总裁比尔·盖茨(Bill Gates)提出,旨在让中国的家庭用户和教育机构利用价格低廉、已经基本普及的家用电器(主要指电视机、VCD播放机等)来享用家用电脑功能的计划。维纳斯计划的目标是使中国数以亿计的没有电脑的电视观众通过在电视上加装网络机顶盒等进入因特网。

这里,撰写者对被定义项"维纳斯计划"概念的内涵,通过后面的定义项作了明确的解释。使用定义说明的方法,必须对事物的特有属性作出准确、严密的概念限制。

有些时候,被定义的事物涉及的范围比较宽泛,使用定义说明的方法比较困难,撰写者常常采用类似定义的方法加以解说。这种"似是而非"的情况,由于表达上的方便性和灵活性,在商务策划书的写作中经常被使用。例如:

> 核心概念:和谐人体生态,逍遥生命山水
> 概念阐释:提倡整体、和谐的养生理念,本着"一沙一世界,一花一天堂"的养生哲学,把个体的人视为微观上的"小自然"(相对于大自然而言),强调针对这个"小自然"整体生态环境的综合治理,特别是针对"水土流失"——脾、肾虚弱的综合治理。通过对生命内在的以及生命个体与外界大自然之间完美和谐状态的调节,达到"逍遥"这个高层次的养生境界。
>
> (引自姜兰剑、赵紫宸《"古汉养生精"上海市场营销策划案》)

2. 分类说明

即把被说明的对象按照统一的标准,划分为若干类别,然后逐类加以说明。

例如：

> 总目标：良好的社会效益和经济效益
> 社会效益目标：树立长城中文系统国内工业标准的形象，带动和领导国内中文应用软件的开发和利用。
> 经济效益目标：年销量1万块；
> 　　　　　　　单套毛利400元/块；
> 　　　　　　　全年毛利400万元。

（引自屈云波《长城计算机市场营销企划书》）

在商务策划书中使用分类说明的方法，不能出现多重的分类标准，划分的类别要说全，不能遗漏。

3. 举例说明

即通过列举事例对事物进行说明。例如：

> 对许多不了解黄酒的消费者来说，他们可能不知道"古越龙山"，但不会不知道"女儿红"。"女儿红"这个名词因为它美丽的传说而产生，因为无数优秀的文学作品（如金庸的《笑傲江湖》）而流传，前几年又因陈少华的一曲《九九女儿红》而被现代年轻人所熟知。

（见本书文案篇《女儿红酒扩展国内市场广告策划书》）

这个例子，撰写者列举出三个事例，说明了"女儿红"酒在消费者中已有的认知度。在商务策划书中使用举例说明的方法，所选的事例必须具有代表性，只有这样，才能把要说明的事理表达清楚，增强说服的效果。

4. 比较说明

即通过对两种或两种以上的事物进行比较，使阅读对象清楚地了解说明的内容。使用比较说明的方法，要求用来比较的事物必须具有相同或相似之处。例如：

> 与天安灯饰相比，万寿宫灯饰优势有二：其一是规模优势，万寿宫灯饰比天安灯饰在规模上略具优势，但不是十分明显，对竞争力的强弱影响不是很大；其二是价格优势，万寿宫价格优势主要来源于进货门路，同一品牌的产品有多个进货渠道，产品质量优劣不等，而天安灯饰进货渠道都属正规厂家，质量稳定、上乘。在这种情况下，万寿宫灯饰具有了价格的优势。但其

实只是以牺牲品牌与企业形象来换取价格上的优势。在现有南昌市场上，顾客需求层次没有提高到一定的高度，行业品牌大战尚未被挑起，供应商的产品质量差异没有被广泛了解的情况下，万寿宫价格优势的负面影响就被顾客忽略了。

（引自《江西天安灯饰总汇有限公司 CI 策划书》）

这里，撰写者分别从规模优势和价格优势两方面，对"天安灯饰"和"万寿宫灯饰"作了横向的比较说明。通过比较，使阅读对象对"天安灯饰"面临的市场形势，有了透彻的认识。

5. 概括说明

即用简洁的语言对事物作概要式的说明。例如：

（一）品牌类型：NIKE 生产服装、鞋、包和各种体育用品，这里着重介绍 NIKE 运动鞋。

NIKE 公司拥有较高的制鞋技术，鞋面采用真皮（Leather）、人造皮（Synthetic Leather）和人造织物（Man-made Fabrics）作为材料，具有支撑性、保护性和透气性，并确保脚放置于正确的位置。外底采用碳素橡胶（Carbon Rubber）、硬质橡胶（Solid Rubber）、耐磨橡胶（DRC-Durable Rubber Compound）、天然橡胶（Natural Rubber）、环保橡胶（Regrind）、充气橡胶（Duralon）和黏性橡胶（Sticky Rubber）作为材料，保证摩擦力及耐磨性，是外部冲击的第一道防线。中底则采用 EVA（Ethylene-Vinylacetate Copolymer，乙烯-醋酸乙烯酯共聚物）、Phylon（二次发泡中底材料）、PU（Polyurethane，聚氨基甲酸酯），能够提供缓震性、稳定性和弯曲性，是鞋中最为重要的部分。而内底采用了 Max Air（NIKE 公司的科技产品，全掌气垫）、Zoom Air（NIKE 公司的科技产品，冲压气垫）、Total Air（NIKE 公司的科技产品，巨无霸气垫）、Tuned Air（NIKE 公司的科技产品，可调节气垫）、Flexible Air（NIKE 公司的科技产品，弹性气垫）等，这些都是 NIKE 独一无二的气垫技术。

（引自《NIKE 广告策划书》）

这个例子，撰写者对 NIKE 运动鞋的鞋面、外底、中底、内底采用的材料以及作用，分别作了点睛式的说明，言简意赅，恰到好处。概括说明的方法，注重事物特征的介绍。

6. 全貌说明

即对客观事物的构成或过程进行说明,使阅读对象对事物的全貌有完整、清楚的了解。例如:

> 一、属性系统
> 游戏中的属性分为玩家属性、城市属性和军团属性三大类。
> 1. 玩家属性
> 包括玩家在游戏中的名称;玩家结婚后对方玩家的名称级别。玩家现有的级别,通过积累经验值升级,用将军位表示,决定最大带兵数和生命力。官职:玩家被军团任命的官职名称。军团:玩家所属的军团势力名称。爵位:玩家被封赏的爵位名称。金钱:玩家拥有的金钱总数,可用来购买装备物品。粮草:玩家拥有的粮草总数,用来支付作战时的消耗。经验值:玩家积累的经验值,决定级别。名声:玩家积累的名声,影响官职的升迁。带兵数:玩家的最大带兵数,由级别决定。武力:玩家的武力值,影响作战时的攻击力和防御力。智力:玩家的智力值,决定计谋值,影响作战时计谋使用的效果。政治力:玩家的政治力值,影响官职的升迁。魅力:玩家的魅力值,影响录用 NPC(Non-players Character,非玩家控制角色)武将的效果。生命力:玩家的生命力,由级别决定,决定单挑中能够支持的回合数。计谋:玩家学会的可以使用的计谋。计谋值:每使用一次计谋要消耗一定计谋值,由智力决定。
> 2. 城市属性
> 包括城市的名称势力和城市所属的势力级别。城市的级别:满足条件可以选择升级金钱。城市拥有的金钱:税收所得,影响城市升级粮草。城市拥有的粮草:税收所得,影响城市升级武将。城市的武将总数:玩家数+NPC武将数。俘虏贤士:城市关押的NPC武将数。城市内隐居的NPC武将数。城市的税率:可由管理者调节。
> 3. 军团属性
> 指军团的名称级别。军团的级别:满足条件自动升级金钱。军团拥有的金钱:税收所得,影响军团升级粮草。军团拥有的粮草:税收所得,影响军团升级武将。军团的武将总数:玩家数+NPC武将数。俘虏:军团关押的NPC武将总数。
>
> (引自《大型网络游戏"一统三国"策划》)

这个例子,撰写者对构成"属性系统"的三个方面分别作了详尽解说,层次清楚、界定完整。撰写者使用全貌说明的方法,使阅读对象产生了"某事物是什么"

的认识。这种情况,在商务策划书的写作中十分普遍。全貌说明方法的特点,是对事物的构成或过程进行静止的、集合性的说明,与叙述有着明显的区别。

7. 数据说明

在商务策划书的写作中,对一些文字不易表达清楚的问题,使用数据说明的方法,可以使阅读对象一目了然。例如:

> 在全球钻石行业中,中国的发展令人惊叹。2009年上海钻石交易联合管理办公室(简称DAC)报告称,2009年中国成品钻进口额增长了31%,达到6.99亿美元。这使中国的进口在2009年一跃赶上了日本,从而成为仅次于美国的第二大钻石消费市场。2010年,全球钻石业对中国消费者寄予很大希望,对于中国的珠宝电子商务市场也非常期待。
>
> 中国珠宝电子商务的成长,与上网的人数、人们购物习惯的慢慢形成有关。2010年5月份,北京正望咨询有限公司最新发布的《中国网上购物消费者调查报告2010》显示:2009年度,我国网上购物继续高速发展,2009年全国网购规模达到2 670亿元,网购人数达到1.3亿。而上海市和北京市的网购金额双双突破200亿元,分别为285亿元和229亿元。另外,该报告预测:2010年我国网购市场规模将达到4 900亿元。今年是中国传统的虎年。在沉寂10年后,一些珠宝电子商务品牌,都期望在虎年有所收获。中国的前两大电子商务品牌,钻石小鸟在2010年的销售目标是3~4亿元,另一个由珠宝工厂转型的电子商务品牌欧宝丽,目标是1亿元。他们的发展,让传统珠宝商深感不安,而越来越多的中国消费者对这种方式表示了认同。这就为珠宝电子商务在中国的发展提供了不可或缺的机遇。
>
> (见本书文案篇《卡地亚珠宝企业网络营销策划书》)

数据说明的方法,要求被引用的数据准确无误,数量单位和数据符号必须规范、统一。

8. 诠释说明

即用注解的方式对事物进行说明。在商务策划书中,诠释说明的表现形式,主要有以下几种类型:

(1) 在行文当中诠释,例如:

> 由此我们可以确定,整个游乐城的市场推广应当定格为"一个中心,两个基本点",即以"翻斗乐"为主打,以"模拟游戏"和"美式快餐"为辅助,形成一处集餐饮、休闲、游乐为一体的儿童游乐新天地。

何为"一个中心,两个基本点"? 撰写者把具体的解说融入行文之中,读起来流畅、自然。

(2) 用括号或破折号诠释,例如:

饭店营销人员在饭店一年中的两个淡季(十二月和次年一月,六月和八月),要采取淡季价格并进行宣传。

当然,也可以在每页的下面或文尾进行诠释。

9. 比喻说明

通过比喻的方法,可以具体、形象地对商务策划书中抽象的或难以理解的事物进行说明。例如:

理论包装:从中医五行理论切入,阐明仅仅补肾绝非科学的养生之道。因为在人体这个"小自然"的生态环境中,肾虽然是先天之本,但只不过是近似于江河的"水";而脾才是承载万物的后天之本,是相当于山川大地的"土"。江河泛滥成灾或者断流枯竭,其根本原因在于整体生态环境的破坏,并非简单泄洪或从外界"调入"水源就能解决,补肾和益脾双管齐下才是"综合治理"、"水土保持"的养生正道。而且相对于人体生态环境的其他要素如"金"——肺、"木"——肝、"火"——心来说,只要"山"——脾和"水"——肾这两个"本"达到和谐,其他任何问题都会迎刃而解。从而达到中医理论所称道的"阴阳协调、五行调和"的最佳健康状态——和谐、逍遥。

(引自姜兰剑、赵紫宸《"古汉养生精"上海市场营销策划案》)

通过比喻说明的方法,撰写者把中医学理论方面的问题,解说得明白清楚,而且极具想象力。

在商务策划书中使用说明的方法,必须条理清晰,客观准确,通过言简意赅的语言,科学地对事物的本质特征进行阐释。

(四) 描写

描写是指用生动、形象的语言,把人和事物的情态、状貌和特征摹写出来。在文学作品和记叙文里面,描写是常见的表达方式,而在商务策划书当中,描写方法的使用受到了严格的限制。有些商务策划书即使出于表达的需要,使用了描写的方法,也仅仅局限于对事物的状貌和特征进行简单的描绘,其目的主要是为了征服阅读对象,赢得市场竞争。

写作过程中,描写与叙述往往相互交融,很难分辨。但是作为两种不同的表达方式,叙述与描写既有联系,也有区别。叙述重在过程的交代,描写重在情态、状貌和特征的摹写;叙述很少使用修辞手法,描写则以修辞手法为主,力求为阅读对象带来如见其人、如闻其声、如临其境的感受。

我们看下面这个例子:

前 景 展 望

在"超级黄桷树观景台"周围移植一批雄伟的黄桷树,砍掉它身边一些参差不齐的杂树和灌木,使它的形象在漫坡苍翠的陪衬下,更为丰满高大。还可在它脚下的那一面山坡以及从市区上新街道通往"一颗树"、"一颗树"通往黄桷垭镇的公路沿线重点植栽黄桷树,到2010年左右,形成一个黄桷树森林群落(森林公园),碧波绿澜、汪洋恣肆、蔚为壮观。

另外,可在"超级黄桷树观景台"的邻近处建立碑林石刻或"书画走廊",供游人抒情感怀。

只要敢想敢为,在一定的时期内,我们就可以以"超级黄桷树观景台"为核心,首创一个地球上独一无二的现代人文景观,一个与闻名天下的山城夜景交相辉映的新型旅游观景台,一个足以和悉尼歌剧院、旧金山桥媲美的世界级风景名胜,又可像深圳、上海等地建成的人文景观那样,深得中外游客的赞许。一个不分国籍、民族、肤色的人,都不禁为这大自然之鬼斧和人类之神工啧啧赞叹的跨世纪奇迹,让它成为当代重庆的标志性景观之一,让它为重庆迈向现代化、国际化添上浓墨重彩的一笔。

(引自雷鸣雏《顶尖策划》)

这是《重庆市"南山一颗树"观景台开发创新策划》中的一段。这份商务策划书,对景物和场面的描写文采飞扬,可谓化枯燥为新奇,变平庸为超然,在商务策划书的写作中独树一帜。这个例子说明,商务策划书虽然很少使用描写的方法,但是在能够驾驭写作技巧和表达方式、不影响与阅读对象沟通的前提下,适当地加以使用,可以大大增强说服的效果。

在商务策划书的写作中,很多撰写者对于描写的表达方式,或者弃之不用,或者谨小慎微,但是一些经验丰富、语言文字功底厚实的撰写者却"知难而上",为自己在竞争中脱颖而出创造了机会。实践证明,这种机会的产生,一方面来自于撰写者对商务策划书特点的准确把握,另一方面则与撰写者厚实的写作素养有关。

因此，对于初学者来说，必须肯下苦功，在经常性的写作实践中，努力提高自己的写作水平，只有这样，才能在"卧虎藏龙"的策划领域占有一席之地。初始阶段，要尽量避免使用描写的方法，防止弄巧成拙，损害策划思维的表达。

三、视觉化的表现方法

随着现代社会的发展，特别是计算机技术的广泛应用，人们已习惯于商务文书的视觉化表现，而且对视觉化表现的要求也越来越高。因此，在商务策划书中科学、有效地使用表格、图形、插图等视觉化材料，就成了撰写者必须掌握的一项重要技能。

本书把除了语言文字以外的表格、图形和插图等，均视为视觉化的材料。这些视觉化的材料，更多地属于说明的范畴，只是为了加深读者的印象，才作为单独的内容加以介绍。在写作过程中，这些视觉化材料也并非独立地存在，而是作为论据，或是作为说明的材料，总是同各种表达方式结合起来表现撰写者的策划思维。

在商务策划书的写作中，视觉化材料的作用主要体现在：对语言文字不易表达的问题进行说明或补充；揭示事物各个环节的关系或构成内容的成分。视觉化材料的使用，为商务策划书的表达带来了简洁、清楚、活泼、生动的效果，使阅读对象在视觉化材料的冲击下，产生深刻的印象。有些视觉化材料（如程序图），更为策划实施后的具体实践活动，提供了明确、直观的指导性依据。使用视觉化材料，使商务策划书图文并茂，充满生气。

（一）表格

表格是表现数据或语言文字内容的一种方式。在商务策划书的写作中，把一些复杂的数据或语言文字材料系统地编排在表格之中，既能够简洁、清晰地说明撰写者的某种想法，也能够明确地反映客观事物内在的有机联系，从而使表达富于变化，强化商务策划书的表达效果。

商务策划书使用表格表现数据和语言文字内容的情况,本书在前几章的例文里已有所介绍,读者可以参看。为了加深读者印象,我们再来看一下表格在商务策划书中组合使用的情况。

(2) 市场的开拓发展,以点带面,最后形成片,所有广告宣传形式应尽量统一并形成模式,迅速推广开来。

A. 销售评估表

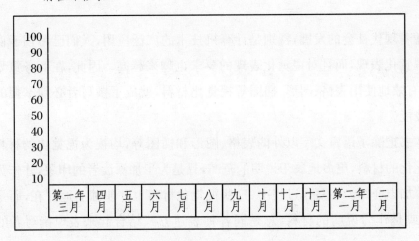

B. 广告实施进度表

时间 媒体或SP	第一年三月	四月	五月	六月	七月	八月	九月	十月	十一月	十二月	第二年一月	二月
报纸	○	○	○	○		○	○		○		○	
电视	○	○	○			○			○			
公交	○	○										
POP	○	○	○	○	○	○	○	○	○	○	○	○
传单	○			○					○			
口碑网络	○	○	○	○	○	○	○	○	○	○	○	○
SP		○		○			○		○			○

注:"○"表示实际实施。

C. 童锌市场开发一览表

工作内容＼时间	1998年2月	3月	4月	5月	6月	7月	8月	9月	10月	11月	12月	1999年1月	2月	合计
供应(件)	120	100	100	200	200	400	450	700	600	800	1200	1200	1200	7270
销售任务(件)		25	50	100	120	250	350	600	400	800	1000	1200	1200	6095
销售回款(万元)		2	4	8	9.6	20	28	48	32	64	80	96	96	487.6
投入·滚动(万元)	3	3	0.5	9.5	8	9.6	20	28	35	32	30	30	30	238.6
投入·操作(万元)				1.5	3	5	10.4	10	2		3			34.9
销售费用(万元)		0.2	0.4	0.8	0.96	2	2.8	4.8	3.2	6.4	8	9.6	9.6	48.76
市场盈亏(万元)	-3	-1.2	-1.6	-5.3	-4.36	-2	-4.8	13.2	-6.2	22.6	42	56.4	56.4	152.14

注：童锌规格为12袋/盒×36盒，回款按800元/件计。

(引自刘晓敏《营销案例回顾："童锌"》)

上面是一份商务策划书营销策略里的部分内容。为了解说A、B、C三层意思，撰写者使用表格，对三个问题分别加以说明，简洁、醒目、直观，使阅读对象对撰写者说明的问题一目了然。这种接连使用表格以替代语言文字说明的情况，在商务策划书中比较少见。原因在于，表格的大量出现，容易使问题的说明失之"圆润"、单调、枯燥，不能有效地揭示出上下文之间的逻辑联系。同时，也容易使商务策划书的表达呆板，缺少生气。因此组合使用表格，必须根据表达的需要，与语言文字恰到好处地结合起来，使两者相互照应，相得益彰，这样才能产生良好的说服效果。

(二) 图形

图形指的是图的类型信息，是介绍数据的大小和变化情况，说明事物的内在关系和趋势的一种表达手段。在商务策划书中，科学地使用图形，可以形象地说明某些复杂、抽象的问题，使阅读对象对问题的理解，更加具体和直观。

图形与表格在表达上有很多的共同点，但是也有些许的区别。同样是传达某种信息，表格强调的是准确清晰、一览无余，图形虽然也强调准确清晰，但由于使用的是空间图像,因而理解起来含有形象思维的成分。表格对问题的说明,采用的是"平面"列项的方式,对事物特征的介绍缺乏直观性。而图形则以"立体化"或程序化的方式对问题进行说明,使阅读对象在视觉的冲击下,对事物特征的把握变得轻松、快捷。在指导实践方面,图形也比表格来得更具体和明晰。撰写者应当区别情况,在商务策划书中恰如其分地使用图形。

各种图形的功能也是不一样的,在商务策划书的写作中,只有选择最能说明事物特点的图形,才能收到最佳的效果。商务策划书中常见的图形,主要有以下几种:

(1) 表示关系和位置的图形,包括组织图、平面位置图等。

组织图是说明内部人员的职务、职责、职能以及分支机构隶属关系的图形。如图6.1所示。

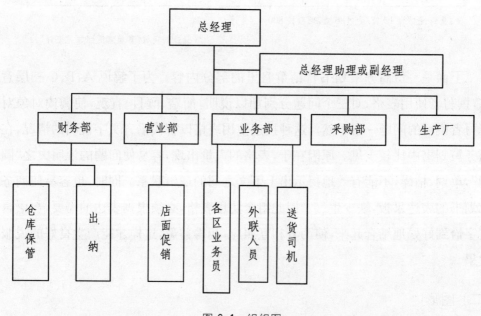

图6.1 组织图

平面位置图是说明事物的地理位置、区域分布、格局规划等内容的图形,如图6.2所示。

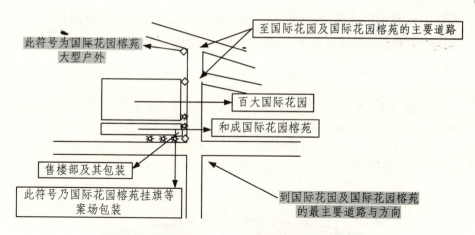

图 6.2　平面位置图

(2) 表示程序和时间的图形,主要包括流程图和时间序列图。

流程图是说明项目活动展开的次序和步骤的图形,如图 6.3 所示。

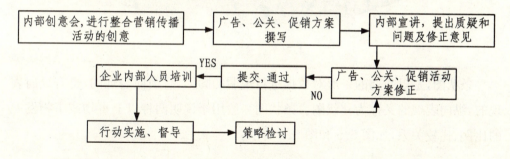

图 6.3　创意作业流程图

时间序列图是说明完成项目活动各步骤所需时间的图形,如图 6.4 所示。

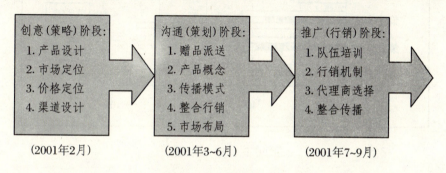

图 6.4　上市步骤序列图

(3) 表示数据的图形,常用的有饼图、条状图、线段图以及散点图等。

饼图,是把圆的整体分成若干部分,用以说明数据比例关系的图形,一般在显示比例时使用。例如:

根据"SPA思娇"的产品特性,我们对目标消费者进行了粗略的分类,并按年龄将消费者分成两大类,以下图为具体细分情况:

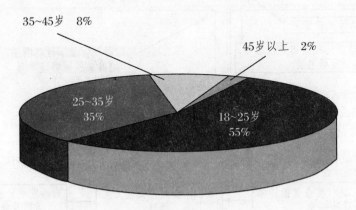

目标消费者细分图

条状图,是以并列的条形对数据进行说明的图形,有横向表现的,也有纵向表现的,纵向表现的又称为柱状图。条状图一般用于说明两种以上事物或事物发展的比例、比较关系,如图6.5和图6.6所示。

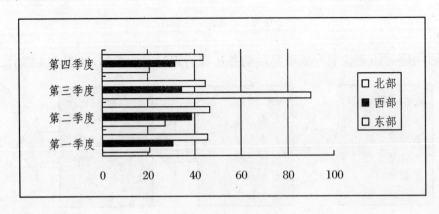

图6.5 横向条状图

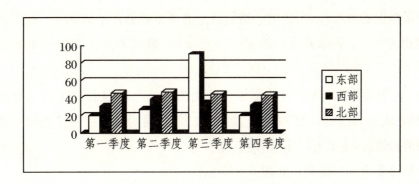

图 6.6　纵向条状图

线段图是说明变化趋势的图形。一般在说明时间趋势时使用。用多组线段说明时,需要用不同的颜色和线的粗细加以区别,如图 6.7 所示。

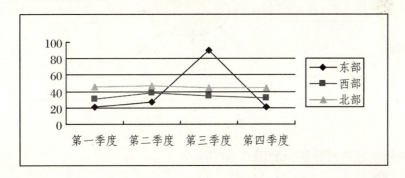

图 6.7　线段图

散点图是用于说明两组数据相关性的图形,如图 6.8 所示。

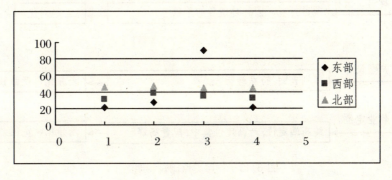

图 6.8　散点图

表示数据的图形很多,这里介绍的只是商务策划书常见的几种。这些图形的制作也很方便,几乎都能从计算机中直接调取,撰写者只要调整一下数据就可以了。

(4)说明事物、表达事理的图形。此类图形依据内容和表达的需要进行设计,大都以线条、箭头表示子项和连接,形式多样、简明灵活。商务策划书中使用此类图形的情况,主要有以下几种:

一是对事物进行说明。如图6.9所示。

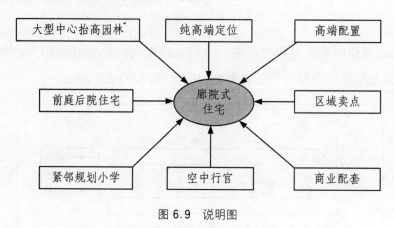

图6.9 说明图

二是对问题进行分析。如图6.10所示。

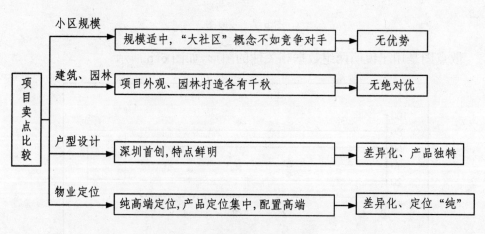

图6.10 项目卖点比较说明图

三是描述市场策略。例如:

具体的提升策略

"推拉结合,双向互动"是 A 产品本次市场提升的策略主题,以"推"来保证各级客户"买得到";以"拉"来保证医院终端和 OTC(Non-prescription Drug,非处方药)终端的工作人员"乐得卖",消费者"乐得买"。如下图所示:

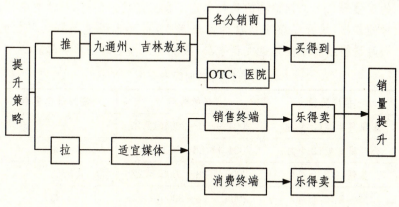

"推"、"拉"策略图

四是解说行动计划。例如:

两条行动策划路线,如下图所示。

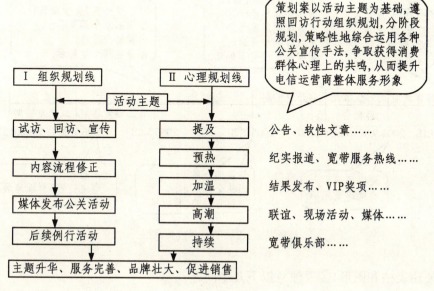

行动策划路线图

在商务策划书里面，以表格和图形组合的方式说明问题的情况也很常见。例如：

尾盘期(2005.7.28～2005.8.27)：楼盘现楼阶段，也是二期发售时期，一期的现楼形象为二期楼盘的销售奠定了良好基础。同时二期"空中行官"样板房的推出，拔升了整个楼盘的品质形象，进而也促进了剩余单位的销售。同时适当结合一些尾盘促销手段，实现一期楼盘的全部售罄。

楼盘销售时段表

推广阶段	起始时间	一期预计销售率
形象展示期(2个月)	2004.9.30～2004.11.27	——
公开发售期(2个月)	2004.11.28～2005.1.27	40%
热销期(3个月)	2005.1.28～2005.5.27	35%
持销期(2个月)	2005.5.28～2005.7.27	20%
尾盘期(1个月)	2005.7.28～2005.8.27	5%

（热销期考虑了春节1个月的假期）

销售节点、工程节点对应关系如下图所示：

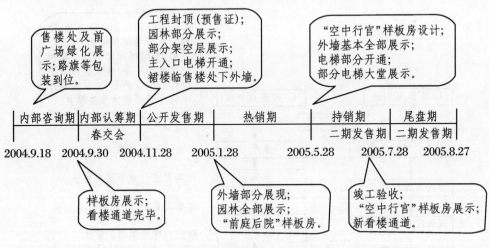

销售节点、工程节点对应关系图

使用表格和图形，需要注意以下几个问题：

一是要根据表达的需要和写作的具体情况来确定表格和图形的使用，并不是所有的数据和语言文字都适合或者一定要用表格和图形来表现。有些初学者盲目地认为,使用表格和图形就意味着强调了数据或内容的重要性,因此不惜下苦功,把能作成表格或图形的数据或内容,通通作成了数据或表格,结果把商务策划书搞得庞杂、凌乱,效果适得其反。表格和图形的使用,一定要"使"之有名,"用"之有据,不能滥用,可用可不用的坚决不用。

二是每个表格和图形,一般只说明一个问题,内容不能太复杂,要尽量简化。说明的问题较多时,应当分别制作表格和图形。使用表格和图形的组合对问题进行说明时,表格和图形的设计要简单明了,有所变化。一般都在上方标写表格和图形的序号、标题。

三是表格和图形中的内容,必须同前面标题表达的意思相一致。表现数据的表格和图形,所列的数据要准确无误,各项数据的总和要与总计(合计)相等,横栏、直行要能对照,有些数据还要注明出处和来源。表现语言文字内容的表格和图形,各分解项的语言文字应当精练,内容要与母题"一脉相承"。需要加注说明的,必须使用简洁、准确的语言文字,对问题加以概括性的说明。

除了表格和图形,有些撰写者还经常在商务策划书中,使用插图和照片对某些问题加以形象化的说明。插图和照片具有描述和证实的双重作用,容易使阅读对象产生亲切感,加深对事物的印象。

文案篇

阅读提示　＜121
市场营销类策划书
　　畅游读者俱乐部市场营销策划书　＜123
广告类策划书
　　女儿红酒扩展国内市场广告策划书　＜132
网络营销类策划书
　　卡地亚珠宝企业网络营销策划书　＜149
创业类策划书
　　心理咨询公司创业策划书　＜164
品牌推广类策划书
　　"瘦身男女"品牌整合方案　＜181
CI 导入类策划书
　　闽江工程局(公司)导入 CI 系统策划案　＜195
附录　商务策划书参考案例　＜213

文案論

阅 读 提 示

一、策划人员在商务策划书中表现出的文字和理论素养,对项目了解和把握的程度,以及科学的说服技巧的运用等,直接影响商务策划书的质感和效果。策划人员自身的综合素质,决定着商务策划书质量的优劣,决定着项目策划的成败。

二、商务策划书构成的要素,在达到说服目的的前提下,可根据情况省略或合并。省略的情况,一般出现在管理者已了解某方面情况的策划案中。这时,项目策划的某些要素是明确和清晰的,文本中的相关要素可以被省略。合并的情况,往往出现在大型活动策划案中。一个大型公关活动策划案,如果包括了若干子策划系统,那么相关的要素可以被合并。

三、常见的商务策划书类型,一般包括营销、广告、房地产、公关活动、品牌推广、项目招商、会展、网络策划等。不同类型的商务策划书,在文本结构和内容的表达方面,有着不同的个性化特征。这些个性化特征,反映的是项目策划的内在规律。商务策划书文本特征的模糊和混淆,是导致某些商务策划书夭折的直接原因。

四、商务策划主要有三种情况:客户委托策划人员策划;策划人员自己策划;策划人员策划,客户购买策划人的策划。无论哪种情况,写作之前,对于策划目标、策划依据、策划日程、策划方法、表现形式以及策划涉及的经费、预算等,都要有准确、清晰的了解和把握。

五、一般来说,检验商务策划书成熟与否的标准,主要看文本中是否提出了新颖的观点、论点、决策点;是否提供了有显著说服力的论据;是否有完整的能被决策者理解和接受的论证过程;是否有清晰、严密的工作执行计划;是否有科学的预算方案。

  六、本书所选文案,力求对应基础篇的内容,客观反映商务策划书写作的基本规律。限于篇幅,对所选文案正文文本之外的策划目录、策划人员、策划时间等做了删减,个别图表、内容做了压缩和省略,某些文案的文字也做了规范处理。同时,按业内习惯对所选文案做了分类介绍。

市场营销类策划书

畅游读者俱乐部市场营销策划书

一、营销环境分析

(一) 市场环境

(1) 从全国范围看,随着社会经济的迅速发展和国民财富的增长,市民消费已从以物质为主的消费框架中跳出,更多地转向了精神文化生活消费。人们开始关注消费产品的品质、知名度、文化含量和个性化等要素,而这些对于竞争日益激烈的企业来讲,意味着要提供更多的个性化服务和个性化产品,并不断地增加产品的文化含量。

(2) 从城市发展角度看,伴随着经济的发展,作为一种新的生活方式和价值观,休闲使都市居民对生活质量有了更深的认识。整个社会群体受教育程度的提高,使越来越多的人致力于提高自身的修养和生活品质,追求更丰富、更高层次的艺术审美享受。同时,知识经济时代是个竞争空前激烈的时代,人们往往要通过各种各样的方式进行"自我充电"、"自我教育","终身学习"的概念已深入人心,并日益渗透到每个人的工作和生活之中。即使是休闲,人们也更加重视其与精神文化的紧密结合,以便获取更多知识和信息。

(3) 蕴藏丰富文化资源的城市书店,利用得天独厚的优势,在都市发展中扬起"文化休闲"的大旗,通过开发具有自身特色的经营服务项目,在取得良好经济效益的同时,也实现了社会效益的良性循环。

(二) 行业环境

(1) 许多书店通过各种营销策划,如邀请名家签名售书、组织讲座和报告会、举办节日主题活动等,在扩大自己影响的同时,也进一步带动了市民参与文化生活的热情。

(2) 与休闲紧密结合的书店,给市民带来了精神生活和精神消费更多的可能性和选择性。具有较高社会责任感的书店,更愿意让自己充分发挥"文化传播"和"知性休闲"的双重功能,为书店的生存与发展开拓更大的空间。

(3) 尽管各书店定位不同,但都注重提高管理和服务品质,规划图书的品种结构,努力营造一种良好的购书氛围。对书店经营管理者而言,书店经营的是一种文化,图书零售业的切入点,应从销售图书转变为营建高雅的都市文化。

(4) 近年来,"文化城市"的提法备受青睐,越来越多的城市把建设文化城市的目标写入自己的发展规划之中。而城市书店对于推进社区和整个城市的精神文明建设,无疑发挥着重要作用。

(三) 竞争环境

(1) 行业竞争者有学人书店、联合书城、外文书店等大型书店,这些大型企业以其强大的实力和价格优势,领导着长春市图书销售市场;

(2) 市场竞争者有各类中等规模的书店(如位于长春市红旗街的春天书店等),他们也以其高档次的购物环境,吸引着大批购书者;

(3) 一些相关行业的竞争者,如吉林省图书馆、长春市图书馆等,也间接地参与了市场竞争;

(4) 畅游读者俱乐部在市场竞争中事实上扮演着挑战者的角色,所以应采用独特的营销策略,与其他竞争者周旋,利用差异化优势,立稳脚跟,不断发展壮大。

二、SWOT 分析

（一）优势

(1) 读者俱乐部实行多元化经营策略，较竞争对手有差异化优势。

(2) 读者俱乐部导入 CIS，具有宣传优势。

（二）劣势

俱乐部以往的促销活动过于零散，没有进行有效整合，市场推广效果不尽人意，销售利润率较低。

（三）机会

2003 年，中国爆发非典疫情，国内大多地区的网吧、影吧等娱乐场所均已关闭，各大学校也进行封闭管理，学生闲暇之余，对图书的需求量大增。

（四）威胁

电脑的普及和互联网的发展对书店经营业产生很大冲击。

三、消费者购买动机分析

消费者到书店光临大致分为两大动机：休闲和购物。

（一）休闲

在紧张忙碌的生活和工作之余，人们需要一种休闲活动来松弛神经，而书店恰好可以满足这一需求。读书、品茗、听音乐,都突出一个"逛"字,逛书店的生活方式已经成为都市生活的一种时尚。

(二) 购书

消费者购书有几大动机:纯粹的学习;珍藏书籍;受从众心理影响,一时的冲动。这些动机本身包含着休闲的需求。

(三) 分析

休闲与购物已经相互融合在一起,人们对于书店的期望值在不断升高,传统的购书场所无法满足顾客的需求,人们更希望书店成为一个文化休闲的场所。在这里,他们可以在工作之余小憩,而学生则可以在课外闲暇时到此充电、扩展视野,这些服务都是目前消费者迫切需要的。长春市学人书店、长春市图书馆、吉林省图书馆都提供了类似的服务,但这些服务与人们的需求相差太远。畅游读者俱乐部可以以此契机扩大服务范围,建立一整套完善的服务体系,扩大宣传,提高知名度,适应消费者的需求,从而实现俱乐部的良性发展。

四、市场定位策略

(一) 市场定位——休闲文化家园

突出休闲主题,契合消费者愿望,给消费者以亲切感,让消费者真正感到畅游读者俱乐部是一个大家庭,在这里可以享受到文化带来的乐趣,在休闲中阅读,在阅读中体味休闲。

(二) 消费者定位——没有会员的会员店

长春市学人书店、联合书城等大型书店均采用会员制,但会员得到的实惠并不多。畅游读者俱乐部虽不采取会员制的营销方式,却把所有顾客当成会员,让顾客享受会员待遇。

（三）竞争定位——增值服务，创造优势

目前书店行业发展平稳，技术含量低，产品同质化现象严重。只有提供广泛的服务，才能让书店行业的发展重新焕发生机。而大多书店的服务体系还不够健全，服务没有创新，无法刺激消费者的有效需求和购买欲望。畅游读者俱乐部应通过全面、细致的服务，创造竞争优势。

五、营销策略

（一）产品策略

1. 多元化经营策略

（1）核心产品：书籍。为读者提供高质量、高品位的正版书籍；图书结构（常销书、畅销书、适销书）要合理搭配；对于滞销书的处理要妥当，如采取降价销售、随书赠送等营销手段。

（2）相关产品：设咖啡茶座，为读者提供阅读休闲场所；经营文化用品和手工艺品；开办小型影院。

2. 服务策略

（1）开设总服务台，处理顾客意见和投诉，回答顾客提出的问题。

（2）提供电脑查询系统，以节约读者寻找所需图书的时间；为读者提供新书推荐表和畅销书排行榜等。

（3）为顾客提供一个整洁、优雅的购书环境；播放符合书店气氛的室内音乐，让顾客在视觉和听觉上获得超值享受。

（4）设立主题书架，沿用传统图书分类的同时，有意识地将与某一主题相关的图书摆放在到一起。例如，将研究生入学考试的课本、大纲、辅导书集中到一起。主题书架大致可分为两类，即社会热点主题书架和特色主题书架。

(5) 设置电脑软件销售专区,销售电脑游戏光盘、学习光盘等畅销电子产品,并出售电脑上网卡等与电脑有关的商品。这将成为畅游读者俱乐部新的利润增长点。

(二) 价格策略

1. 价格折扣优惠:团体购书;过期过时书刊(设折扣区柜台);学生用书和教师教学参考书(设学生书屋)。

2. 其他相关产品的定价,应适合月收入在2 000元以上的消费者。

3. 滞销书应运用价格手段处理:与热销书捆绑销售;买相关产品赠书活动;价格折扣。

(三) 渠道策略

采取多渠道营销策略。

(1) 电话营销:开通读者热线,收集需求信息;保持与大客户的电话沟通,与学校、企业等社会团体建立持续、稳定、友好的业务关系;在取得顾客允许的情况下进行电话沟通,将俱乐部最近的新书信息以最快的速度通知读者。

(2) 网络营销:建设畅游读者俱乐部主页;电子邮件营销;网上调查;网上书店。

(3) 书店营销:利用各种营销手段,吸引顾客到书店主动购书。

(4) 与图书发行商和作者等上游渠道保持交流沟通,如读者与作者交流会、编辑每月谈以及与出版社之间的定期交流等。

(5) 与相关渠道联系:与大型超市如沃尔玛、恒客隆及购物广场等联合销售;与网吧等文化场所联合销售;买书赠网吧会员卡。

(四) 促销策略

(1) 广告宣传:做好宣传工作,主要包括报刊、广播、宣传手册等媒介。

(2) 公共关系:赞助学校文体活动,保持俱乐部与学生团体的互动关系。

(3) 营业推广:举办培训班(电脑、书法、美术等);在社会和学校开办展销会(书展、文具展、手工艺品展等);举办专题讲座。

六、行动方案

2003年下半年,畅游读者俱乐部的市场营销,采用整合传播的推广手段,围绕"休闲文化"展开传播推广活动。目标是通过有效的媒体宣传活动,提高畅游读者俱乐部的知名度,提升企业形象,并在此基础上,举行各种促销活动,力争获得可观利润。

(一) 举办"书林大会"

时间:6月,每周举办一次。

目的:通过沟通互相了解,提升俱乐部品牌形象,建立基于消费者的营销体系和营销思路。

宣传策略:活动前在长春各大报纸、广播电台做好广告宣传,主题为举办"书林大会",竭诚邀请各界"书林高手"参加。活动中邀请记者进行现场采访;活动结束后,在报刊上发表答谢书,以感谢广大读者的热情支持和媒体的关注。

活动内容:由俱乐部总经理主持大会,会上宣读举办"书林大会"的目的,介绍俱乐部的宗旨、现状和发展前景,与参会者商讨俱乐部的经营策略,同时对读者进行调查问卷测试,作为俱乐部今后制订营销策略的依据。

营销控制:宣传活动要注意效果与成本的关系;活动过程要与读者互动,鼓励读者提出问题和意见;会议时间要控制在两小时以内,避免读者产生厌倦情绪;会后赠参会者纪念品,如小纪念章、纪念笔等。

(二) 举办"夏日清凉"主题活动

时间:7月、8月、9月。

目的:炎热的夏天,畅游读者俱乐部推出"夏日清凉"主题营销活动,旨在带给消费者清爽的生活体验,通过读书、休闲,度过漫长、燥热的夏季,让消费者在享受生活的同时,与畅游读者俱乐部共同度过这段美好时光。

宣传策略：在报刊、广播等主流媒体进行大范围宣传；发放 MD 宣传手册，进行重点区域宣传；店内及店外的 POP 现场宣传，围绕"夏日清凉"主题，传播休闲文化。

活动内容：清凉的购物环境，店内开放空调，配以柔和的室内灯光和柔美的音乐，以整洁的环境让顾客流连忘返；开设冷饮厅，使消费者在读书之余品尝冰点，享受夏日快乐；每周六、周日播放高品位高质量的电影，价格由俱乐部与消费者共同商定。

营销控制：俱乐部员工微笑服务，不主动向顾客推荐书籍和产品；店内部保持绝对幽雅的环境，不能因零乱给消费者带来不快，破坏俱乐部形象。

(三) 举办畅游书场活动

时间：11 月。

目的：丰富人们的业余文化生活，让人们品味到原汁原味的文化大餐，在消费者心目中建立良好的企业形象。

活动内容：邀请国内著名评书表演艺术家（如单田芳、刘兰芳等）到畅游读者俱乐部录制节目，让广大评书爱好者参与；邀请各高校资深教授到读者俱乐部，针对当前的社会热点问题和人们广泛关心的国际问题举行讲座。

宣传策略：名家到访，俱乐部应进行广泛宣传，要选择影响力大的媒体，包括报纸、广播和电视，借用名人效应宣传畅游读者俱乐部。由于评书爱好者有很大一部分是中老年人，因此在老年团体中宣传该项活动会更有效，从而开拓中老年读者市场。

营销控制：企业公共关系营销此时已上升到一个较高层次，读者俱乐部在公众中的形象也得到进一步提升，应建立专业化的公关部门，处理企业公关业务。俱乐部的关系营销活动，要为接下来的节日促销活动做好铺垫。

(四) 举办节日献礼活动

时间：中秋节、国庆节、圣诞节、元旦期间。

目的：经过前期宣传推广工作，俱乐部知名度有所提高，再通过开展节日促销活动，以扩大销量，提高利润率，使整合推广得到完美实现。

活动内容：开展"四大献礼"活动（中秋献礼、国庆献礼、圣诞献礼和元旦献礼）。中秋节（9月15日）前，长春市将举行一年一度的大型书市活动，畅游读者俱乐部应利用此机会，将书市、教师节和中秋节联系在一起进行促销。促销手段应多样化、新颖化，如现场拍卖、捆绑销售、折价销售、购物赠送礼品等。国庆、圣诞和元旦促销活动，应与其他相关企业联合促销，由公关部门联系，与大型超市（恒客隆、沃尔玛等）、大型购物广场（长春百货大楼、欧亚卖场等）、网吧、酒吧、迪厅（兰桂坊）等娱乐场所进行合作，搞好联合销售活动。同时，采取赠送大礼包的形式，刺激消费者的购物欲望。礼包包括到指定餐厅就餐的打折卡、娱乐场所（如迪厅）的贵宾卡、到俱乐部购物休闲的优惠卡。

宣传策略：由于促销活动均在节日期间进行，应采用一切可能的宣传手段，包括报刊、广播、电视等媒体以及 MD 宣传手册、POP 现场宣传等。

价格策略：促销期间采用价格折扣策略是最好的选择。应根据实际情况进行折价促销，对旧书应有大幅度折扣，以此刺激顾客的购买行为。

营销控制：促销活动中要注意控制成本，避免不必要的浪费；促销活动要以休闲购物为主题，在店内保持清静、幽雅的环境，给顾客最大的自由购物空间和活动空间；促销手段要灵活可变，如在圣诞前夕，应销售适量的精美贺年片和其他圣诞节礼品。

七、预期损益表

（1）畅游读者俱乐部上半年总销售额为500万元，企业利润率为20%，总成本为400万元。

（2）下半年预计总销售额为800万元，总成本为500万元，企业利润率为37.5%，较上半年提高17.5%。

（3）畅游读者俱乐部下半年促销费用预算为10万元，具体分配如下：
…………

广告类策划书

女儿红酒扩展国内市场广告策划书

　　由浙江绍兴女儿红酿酒总公司(原名国营绍兴越泉酒厂)生产的女儿红牌女儿红酒,虽然品牌名称响亮,但由于受中国百姓对黄酒消费习惯的影响,增加了它向全国推广的困难。而在黄酒的主要消费区——江浙沪地区,女儿红酒的市场占有率低于"古越龙山"和"沈永和",同时与"塔牌"和"会稽山"等品牌的竞争力也不相上下。所以,本策划案的目的在于协助女儿红牌女儿红酒强化历史名酒的品牌形象,扩大在江浙沪地区的市场占有率,并且向全国市场推进。

一、广告环境分析

(一) 行业与企业分析

　　(1) 1999年度我国黄酒总产量在135～140万吨之间,基本与上一年持平。但是,市场竞争加剧,企业的利润率有所下降。事实上,黄酒的市场竞争远比不上啤酒和白酒。1999年,啤酒产量近2 000万吨,白酒产量600多万吨,可以说凡是有酒的地方都有啤酒和白酒,却不一定有黄酒。

　　面对这种酒类竞争的悬殊劣势,黄酒行业内部却为了争抢同一块蛋糕而进行着竞相降价、相互模仿的"窝里斗"。你大降价,我大跳楼;你搞文化周,我搞文化月……使得许多资金在这种盲目的自我竞争中白白浪费。黄酒价格本来就偏低,甚至到了价格不如矿泉水的地步,这种低价竞销只会给企业造成损失,给行业造成损失。

中国酿酒工业协会黄酒分会及时介入,作出把调整产品结构、开拓国内外两个市场作为行业工作重点的决策。在产品结构的调整上,黄酒行业以原有国优金奖、国优银奖及行业名牌产品为主,压缩含糖量在15%以上的甜型和浓甜型黄酒产量,加快开发高档次干型、半干型黄酒、低酒精度清爽型黄酒及功能型、保健型黄酒等新品种。在产品包装上,逐渐淘汰大坛包装,实行全部小包装化,并实行多功能化、系列化。在黄酒的出口方面,古越龙山、塔牌、会稽山、女儿红等名优品牌将继续保持1999年的出口势头,同时要在质量、品种和包装上下功夫,加强内部团结,找准产品定位,争取得到更多的出口份额。

另外,近两年有关黄酒行业的一些活动和政策也将对黄酒市场的开拓产生巨大的影响:

① 中国绍兴黄酒集团公司(以下简称中黄集团)于1997年独家发起和组建的浙江古越龙山绍兴酒股份有限公司,是我国最大的黄酒生产、经营、出口企业,是中国黄酒行业第一家上市公司。

② 上海金枫酒业股份有限公司(以下简称金枫酒业)于1999年被注入上海第一食品厂的股份;杭州酒厂也在2000年完成了股份制的改造工作。

③ 第三届中国黄酒节于2000年8月28日至9月2日在苏州举办;2000年首届中国绍兴黄酒节在绍兴隆重开幕。

④ 今年中华人民共和国国家工商行政管理总局广告司放宽了对啤酒、荡荡酒和黄酒的广告限制(包括时段、版面、数量等方面的限制)。

(2) 绍兴女儿红酿酒总公司,始建于1919年,是浙江省先进企业。公司位于上海经济区南翼,西距世界大都会上海市300余公里,东距宁波90余公里,是中国东部最具发展潜力的可开发区域。企业占地8万平方米,有3条酿酒生产线,2条瓶酒灌装线,优质绍兴酒年生产能力2万吨。主要产品女儿红牌女儿红酒(外销为"越泉牌")多次获国家、省质量奖,1993年获法国鲁昂国际展销会(Foire Internationale de Rouen)金奖。"女儿红"商标获1998年浙江省著名商标称号,多年来一直盛销全国(包括香港地区)及美国、日本、西欧、澳大利亚和东南亚等国家和地区,饮誉海内外。1996年生产规模、销售等位居全国黄酒行业第四位。

该公司较早认识到品牌对引导消费者和开拓市场的潜在作用,不惜投入大量的精力和财力开发"女儿红"品牌。公司的广告宣传费每年不少于700万元,主要用于上海、南京、杭州等大中城市的市场开拓,大大提高了女儿红品牌的知名度。为了打开市场的新天地,公司在2000年再投巨资,在全国各地聘请200位终端销售员,计划在全国设立2万个销售点。该计划自9月份起推行,至今在上海已拥有2 000多个销售点。

(二) 产品与品牌分析

(1) 黄酒至今已有6 000余年的酿造历史,被公认是世界三大古酒(葡萄酒、啤酒、黄酒)之一。中国黄酒历史悠久,产地较广,品种繁多,均是以大米为主的五谷为主要原料,经蒸煮、糖化、发酵、压滤而成的原汁发酵酒。由于原料、配方、工艺、地域不同,形成了不同品种及风味的黄酒。著名的有绍兴加饭酒、福建老酒、江西九江封缸酒、江苏丹阳封缸酒、无锡惠泉酒、广东珍珠红酒、山东即墨老酒、兰陵美酒、秦洋黑米酒、上海老酒、大连黄酒。中国的黄酒以含糖量高低分类,主要名品有:元红酒(即"状元红")、加饭酒(俗称"肉子厚")、花雕酒("女儿红"是花雕酒中的名品)、善酿酒和香雪酒。黄酒很少做自我宣传,所以现代人尤其是年轻人对黄酒缺乏了解,有的甚至仅把黄酒当作厨房里的烹饪料酒,而没有看到或不知道这一中华瑰宝的内在价值。

(2) 女儿红牌女儿红酒以精白优等糯米、自然培养麦曲和酵母纯种的多菌种发酵剂以及得天独厚的鉴湖水为主要原料,添加人参、当归、黄芪、枸杞等名贵中药材,采用独特工艺酿造,再经多年陈化而成。该酒色泽橙黄透明有琥珀光,味醇厚甘鲜,具有半干型优质绍兴酒特有的馥郁芳香、酒体协调和"陈、醇、专"之特色。女儿红酒含有人体所需的20多种氨基酸和钙、锰、铁等多种微量元素,属滋补型低度酒,口味绵甜醇厚,具有滋养颜面肌肤,抗衰老,活血安眠等功效。

女儿红酒源于晋代时期绍兴的地方习俗,文化内涵丰富。原来生女儿的人家,在女儿出生当年酿制几坛酒,密藏于地窖或夹墙内,一直到女儿出嫁时取出来,或作陪嫁,或在婚宴上款待客人。一坛酒存放17~18年以上往往会浓缩成半坛,甚至更少些,其质量绝佳。

(3) 从产品的原料和酿造工艺上讲,女儿红牌女儿红酒并没有绝对的优势,因为其他著名品牌的黄酒也是这么酿造的,所不同的仅在一些配料上的差别而已。甚至在产品质量上,女儿红酒还略逊一等。但是女儿红酒拥有其他品牌所没有的传统文化的内涵,也就是作为中华老字号的品牌知名度。对许多不了解黄酒的消费者来说,他们可能不知道"古越龙山",但不会不知道"女儿红"。"女儿红"这个名词因为它美丽的传说而产生,因为无数优秀的文学作品(如金庸的《笑傲江湖》)而流传,前几年又因陈少华的一曲《九九女儿红》而被现代年轻人所熟知。

绍兴女儿红酿酒总公司没有充分利用好女儿红酒的这种品牌内涵,在产品定位上亦步亦趋,基本是模仿其他品牌的定位模式(这在黄酒行业内部是普遍现象),使得自己没有明显的个性特征,从而很难在市场营销上占据领先的位置。鉴于此,本策划综合考虑女儿红牌女儿红酒的产品、品牌的优劣势,将该产品定位为融入了浓厚感情色彩的、传统老字号的、中低价位的百姓化黄酒。

(三) 市场与消费分析

(1) 北方寒冷多风,南方温暖多雨,生活在不同地区的人对饮酒自然会有不同的需要。白酒从黄酒的生产中演变出来以后,就以其酒精度高、能御寒、制作相对简单而逐渐占据了北方的广大市场,与黄酒形成南北对峙、分庭抗礼的局面。而且,北方人大多豪爽、粗犷而善饮;南方人则多细腻、温柔而更愿细斟慢饮,这正与白酒辛辣猛烈、黄酒甜且微酸的风格差异相一致。"南黄北白"的消费格局由此逐渐形成并流传下来。所以,目前黄酒的销售渠道一直偏安江南,只俏销于华东地区。如今,全国除浙江、江苏、上海少数几个省、市外,黄酒的发展受到严重的地域限制。

一些黄酒生产企业的思想认识也因此被固定在"南黄北白"的模式上,认为北方人只爱喝白酒,黄酒在北方没有市场,所以黄酒企业间才会死守着一个固定的消费群进行降价竞争,而不懂得去开发广阔的新市场。

(2) 女儿红酒的市场情况同其他黄酒品牌一样,在国内都以江浙沪地区为主,但由于它在质量上比其他名品稍逊一筹,在种类上又势单力薄,所以它在该地区的市场占有率很难占据领先的位置。

同其他黄酒品牌一样,女儿红酒的宣传力度不够,但这一点对女儿红酒来说,比其他品牌的损失要大得多。因为女儿红酒所拥有的可宣传的内容远比其他品牌的要多,这些宣传将带来的市场效益也是不可忽视的。正由于这个原因,女儿红酒的目标消费群也就没有什么新的突破,一直以中老年消费、传统节日消费和酒店消费为主,而这些消费群是整个黄酒行业所共有的。唯一利用到品牌效应的是旅游消费,也就是将女儿红酒作为旅游纪念品卖给旅游者,但是这个消费群又有很多的局限:

① 旅游消费群很不固定,大多都是一次性消费。尽管旅游者来自天南地北,宣传面广,但很难形成品牌忠诚度。

② 作为旅游纪念品包装女儿红酒,使得大多数旅游者只是看中"女儿红"这个牌号,而不是真正对女儿红酒感兴趣,所以有买椟还珠的消费倾向。如果这样利用品牌效应,就是大材小用了。

③ 作为旅游纪念品,它的价格就不能很高。虽然女儿红酒本身就采取中低价位的定价方针,但如果受此局限,可能不利于将来高档产品的开发。

④ 作为旅游纪念品,它的销售区域仅局限于绍兴地区,因为它很难以绍兴土特产的身份来抢占其他地方的旅游商品市场。

(3) 综合各方面的分析,本着有效利用女儿红酒的无形资产开发潜在市场、开拓新市场的方针,本策划决定对女儿红牌女儿红酒的市场定位和目标消费群作如下的扩展:

① 从江浙沪市场扩展到全国市场。眼下,全国黄酒业巨头——浙江"沈永和"、绍兴"古越龙山"等企业都开始准备高举"中华国酒"旗帜,跨长江北上,在全中国大地一展黄酒雄风,但具体的广告和宣传措施都没有立即跟上。所以,在这种局势下,谁先把品牌打出去,谁就有望在未来的全国黄酒市场上取得抢先的优势。女儿红牌女儿红酒把市场扩展到全国,既是行业的趋势,也是自己的利势。女儿红酒可以利用既有的品牌知名度,抢先开拓全国市场。

② 从中老年市场扩展到年轻人市场。"女儿红"是传统品牌,但传统并不意味着消费它的人就只应该是有传统观念的中老年人。我们可以从传统中挖掘出年轻的成分。例如,"女儿红"的美丽传说就是以十七八岁的年轻人为主角的,与之有关的一些浪漫的文学艺术作品也是现代年轻人所津津乐道的。因此,我们可以宣传这些年轻人,特别是年轻恋人所认同的东西,借以把女儿红牌女儿红酒推广到年轻人市场。

③ 从男性市场扩展到女性市场。在中国,女性饮酒的比例相对较小,同时,她们对不同种类的酒也有不同的接受程度。就目前来看,女性对酒类的接受程度从大到小可以这样排序:葡萄酒＞啤酒＞黄酒＞白酒,这与酒的本质特性相关。其实黄酒对于女性来讲有很好的卖点:首先从口味上讲,它绵甜醇厚,适合女性饮用;从功效上讲,常饮黄酒可以抗衰老,保持肌肤青春,这也是女性所关注的。女儿红酒除了这两个卖点以外,还有它美丽的名字容易被女性接受。所以,女性市场是女儿红牌女儿红酒的一大潜在市场。

④ 从传统节日市场扩展到喜酒市场。在传统节日饮传统的酒,这是一种风俗性的消费习惯,但中国的传统节日毕竟很少,所以要开拓女儿红酒新的机会点。追根溯源,女儿红酒最早是与嫁娶喜事相关的,那么开发"女儿红喜酒"、开拓喜酒市场是一个很好的机会点。办喜事对中国百姓来讲还是有点传统味道的,这与女儿红酒的原有风格保持一致。所以,开发新品种并不会"节外生枝"。

⑤ 从旅游纪念品市场扩展到礼品市场。女儿红酒仅作为旅游纪念品,对其市场发展有许多的局限,但不是说不可做。而且,一旦女儿红酒在全国打开市场,那么它作为"绍兴土特产"的旅游纪念价值就小了。所以,我们可以对其在这方面的定位进行提升,开发礼品市场。在保持原有中低价位占主流的情况下,不妨利用消费者"买椟还珠"的消费倾向,对少量进行精装,以高级礼品盒的形式推向市场。

(四) 竞争对手分析

(1) 中黄集团,总资产 15 亿元,主要产品"古越龙山"、"沈永和"牌绍兴酒,是国宴专用黄酒,多次荣获国际、国家金奖。其中"古越龙山"是国家驰名商标,因其品质卓越,畅销全国各大城市,享有"东方名酒之冠"的美誉。近年来,公司投入了大量人力和物力进行技术改造,并率先将计算机控制技术应用到黄酒的发酵及生产上,打破了千百年来靠嘴尝、鼻闻、手摸等的原始操作方式,确保了产品优质稳定。1997 年 11 月,公司通过了 ISO 9000 质量体系认证。1998 年全国黄酒行业产品质量检评中,古越龙山加饭酒荣获国家优质工程金质奖。在保持产品优质稳定的基础上,公司相继推出了青梅酒、桂花酒、味淋酒等新产品;成功开发了 200 ml、350 ml、400 ml、750 ml 等新包装。国庆 50 周年前夕,中黄集团又推出了

"五十年陈"的"极品"陈年黄酒,限量生产1 999瓶,每瓶标价1 999元,被消费者视为珍贵收藏品而争相购买。

(2) 金枫酒业,系机械化新工艺和传统工艺相结合的黄酒专业生产厂家,固定资产1 200万元,年产黄酒万吨以上。其主要产品"金枫"牌甲级上海黄酒、上海花雕酒获"全国食品行业名牌产品"称号;"志成蚁王酒"在1994年中国保健新产品展览及技术交易会上荣获"新产品技术成果金奖",并获得了中华人民共和国卫生部新资源食品卫生审查批文,属新产品中的精品。产品在立足上海市场的基础上,向外省市发展,现已畅销北京、哈尔滨、贵州、沈阳、青岛、广西等地。目前,金枫产品在上海市场占有率已达到25%。

(3) 先看看以下这些调查结果。

全国黄酒行业质量检评结果揭晓(2000年4月):

保持国优金质奖质量水平5家:中国绍兴黄酒集团公司古越龙山牌加饭酒
　　　　　　　　　　　　　中国绍兴黄酒集团公司沈永和牌加饭酒
　　　　　　　　　　　　　东风绍兴酒有限公司会稽山牌加饭酒
　　　　　　　　　　　　　浙江塔牌绍兴酒厂塔牌加饭酒
　　　　　　　　　　　　　福建九州龙岩酿酒有限公司新罗泉牌沉缸酒

保持国优银质奖质量水平6家:中国绍兴黄酒集团公司古越龙山牌状元红酒
　　　　　　　　　　　　　东风绍兴酒有限公司会稽山牌状元红酒
　　　　　　　　　　　　　上海金枫酒业股份有限公司金枫牌特加饭酒
　　　　　　　　　　　　　山东即墨黄酒厂即墨牌即墨老酒
　　　　　　　　　　　　　神龙集团福州幸运公司鼓山牌福建老酒
　　　　　　　　　　　　　江苏省丹阳华酒集团有限公司丹阳牌封缸酒

保持行业名牌产品质量水平12家:杭州酒厂金谷牌状元红酒
　　　　　　　　　　　　　　杭州酒厂金谷牌金谷醇酿酒
　　　　　　　　　　　　　　绍兴永进酒厂佳友牌加饭酒
　　　　　　　　　　　　　　绍兴女儿红酿酒总公司女儿红牌女儿红酒
　　　　　　　　　　　　　　　　　……

表 1　上海大众新消费网上调查(1999 年)

品牌	市场占有率
沈永和	20.90%
古越龙山	16.67%
女儿红	15.47%
金枫	8.45%
王宝和	6.07%
上海老酒	4.15%
黄中皇	3.31%
致中和	3.22%

表 2　全国黄酒品牌知名度调查(1999 年)

品牌	知名度
古越龙山	★★★★★
沈永和	★★★★★
女儿红	★★★★★
即墨老酒	★★★★
塔牌	★★★★
会稽山	★★★★
金枫	★★★

表 3　酒类批发市场价格动态(2000 年第一季度)

产品名称	种类	价格
极品东方福公酒	11 度, 8 680 ml	168.00 元
古越龙山五年陈花雕	12 600 ml	13.50 元
古越龙山花雕(小坛)	61 500 ml	15.00 元
黄中皇花雕	17.5 度, 12 600 ml	4.70 元
沈永和加饭酒(小坛)	61 500 ml	14.00 元
沈永和精装花雕酒	16.5 度, 12 500 ml	4.55 元
女儿红酒	12.5 度, 500 ml	9.50 元

从上面的比较可以看出：

(1) 女儿红牌女儿红酒的最大竞争对手是"古越龙山"，其次是"沈永和"，而这两个品牌都是中黄集团的产品。该集团的雄厚实力是绍兴女儿红酿酒公司所不能比拟的，特别是它在质量监控和新产品开发上的优势，我们很难超越。所以，女儿红酒对于古越龙山和沈永和，只能采取软性竞争的方法，不求在市场上超越，但求能够平行。

(2) 女儿红牌女儿红酒在质量水平没有任何优势的情况下,其市场占有率仍可以排在二流地位,一方面得益于它较低的价格,但更主要的是"女儿红"的品牌知名度。所以,品牌效应是非常巨大的,可以在这方面大做文章,同时,中低价位的方针也可以保持。

(3) 与女儿红酒不相上下的竞争对手都是浙江企业的产品,彼此相距较近,最好采取既联合又竞争的方针。也就是联合起来一起开拓全国市场,共同与白酒、啤酒进行市场较量,反对"窝里斗",同时自己谋求行业内部的领先地位。这种近距离的另一个优势是对行业信息和其他企业的动态能够很容易地把握,为自己创造有利机会。

(4) 从中黄集团和金枫酒业的成功可以看出,开发新产品是企业扩大市场的一个十分有效的方法。即使是同一品牌也可以有多个品种,如沈永和加饭酒和沈永和精装花雕酒。所以,女儿红酒开发喜酒,形成系列,不仅不是孤掷之举,而且将更为成功。

二、广告方案策划

(一) 广告目标

(1) 总体目标:借助广告,使女儿红牌女儿红酒在江浙沪地区的市场占有率提升到25%,与"古越龙山"不相上下;抢先在全国打开黄酒市场,树立"女儿红"的品牌知名度;以喜酒的身份进入百姓生活,以期逐渐改变南北方中国人的饮酒习惯。

(2) 就目前来讲,广告所要解决的问题主要有:

① 让全国消费者对"女儿红"的认识不仅仅只是个名称,而是要认识到产品本身。至少要让受众知道女儿红牌女儿红酒不是白酒,而是黄酒。

② 让原来不了解黄酒的人在认识黄酒时,接触的第一个品牌是"女儿红",而不是"古越龙山"或者"沈永和"。

③ 让江浙沪地区原来熟知黄酒行情的消费者摆脱"女儿红酒质量不如人"的观念,把它提升到一流产品位置。

④ 使女儿红牌在同行产品中脱颖而出,不再与大家是同一个模式,而是在共同性中有自己独特的形象。

⑤ 让消费者知道并接受"女儿红"美丽浪漫的爱情传说,在情感上产生共鸣,使喜酒的推广一步到位。

(二) 广告区域

重点投放江浙沪地区和全国性的媒体,配套投放安徽、江西、福建和广东四省。

(三) 广告对象

全国百姓。尽管女儿红牌女儿红酒有明确的产品和市场定位,但是广告是以品牌宣传为主,所以广告对象可以是全国百姓,以期在最广的范围内树立品牌形象。

(四) 广告创意

1. 广告主题

以树立"女儿红"的品牌形象为主,同时进行产品宣传。品牌形象上注重以情感人,突出中华老字号的传统特色。因此,本策划确定的广告口号为:多情自古女儿红。"多情"给产品融入感情色彩,爱情、亲情、友情都用一个"情"字包容了;"自古"表明了产品悠久的历史;"女儿红"强化了品牌名称。以此为基调,确立广告的表现风格。

在产品宣传上可以着重说明女儿红酒的原料、工艺和功效,同时讲述产品的历史和传说,配合品牌形象的宣传。

2. 广告形式

(1) 电视广告:最主要的广告形式。利用声画结合的优势,能完美地树立品牌形象。

(2) 店面广告:主要的广告形式。设计精美的店面广告张贴在销售现场,容易制造气氛,形成风格。同时,这种广告形式可以融合两个宣传目的,也就是说一幅优秀的招贴画在远看时的整体效果可以一目了然,突出形象,细看时又有明确的产品说明。

(3) 户外广告:次要的广告形式。户外大型路牌广告,冲击力大,关注率高,是很好的形象宣传媒体。

(4) 广播广告:次要的广告形式。产品定位为中低价位的百姓化产品,所以可以利用百姓化的传播媒介——广播来做广告。这样可以很直接地到达中老年人和年轻学生中间。广播广告可以同时进行品牌形象的树立和产品的宣传。

(5) 杂志、报纸广告:搭配使用的广告形式。可以选择印刷精美的杂志做形象宣传,也可以选择大众生活化的报纸、杂志做产品宣传。

3. 广告表现

模仿"百年润发"的广告表现形式,在电视广告上讲述一个凄美浪漫的爱情故事,同时设计一个经典的人物动作(如"百年润发"中周润发为女主角倒水洗头)。在其他平面广告上,则单独提取这个经典动作作为画面的主体,形成风格的一致。电视广告还可借用琼瑶剧的场景和故事模式。因为琼瑶的爱情剧不管怎么说,在中国市场上还是深受百姓欢迎的,从年轻人到中老年人都爱看。这个受众群与女儿红酒的目标消费群有很大的相似之处。

产品宣传的广告虽然不用电视画面表现,但在其他广告形式中也要在形象广告既成的风格上来推敲广告文案,不能自成一派。

具体分析,我们在广告表现上要注意以下几个细节问题:

(1) 广告要得到全国受众的认同,则不宜用过于生僻的场景画面来表现产品,但又不能放弃江南地区这个很好的文化背景。

(2) 广告要突出中华老字号的品牌形象,但又要考虑到所要开拓的年轻消费群。

(3) 产品既然定位于要融入感情色彩,广告就还是要以感性表现为主,进行品牌形象宣传,但又不能不考虑到如何让消费者清楚地了解黄酒的本质特性。

(4) 产品要以喜酒的形象打开全国市场,那么在全国推广的广告上最好要出

现喜事场面。电视广告脚本如下:

表4 女儿红牌女儿红酒30秒电视广告脚本

镜头(时间)	画面	音效	
全景。镜头从上往下推进。(3秒)	20世纪30年代,绍兴城外的轮渡码头。提着行李的人群从汽轮中拥挤而出,有点混乱。	人声嘈杂,汽笛长鸣。	
近景。镜头缓慢平移。(2秒)	男主角(二十来岁的英俊青年)从人群中吃力地挤出,身穿长褂,围着围巾,手里拎着很沉的行李箱。	声音压混,缓慢轻柔,有江南韵味的民乐声渐起。	
镜头切换中景。(3秒)	寂静的老街,前方一家酒铺,朱红色的酒幌在灰暗的色调中格外显眼,幌子上写着"女儿红"。男主角的背影走入镜头,停下。从酒铺中走出一少女和中年妇人,衣着朴素。少女怀抱一坛女儿红酒,看见男主角,停下。	男声独白(深沉地):"曾经有一份真诚的爱情摆在我的面前,"	民乐声作为背景音乐继续。
镜头切换特写。(1.5秒)	女主角(少女)亦喜亦忧,欲哭欲笑的面部表情。	"我却没有珍惜。"	
镜头切换特写。(1.5秒)	男主角狐疑的表情,作欲呼状。	"直到失去以后,"	
镜头切换中景。(2秒)	女主角把女儿红酒塞给妇人,掩面跑开。妇人望了望少女,又回头看着男主角,无可奈何的神情。	"我才追悔莫及。"	
镜头切换近景。(3秒)	酒铺的正面近景,柜台和货架上摆满大小酒坛,坛上都贴有红纸,上书"女儿红"。男主角面对掌柜站在柜台前,掌柜(白须老人,戴老花镜)看着男主角,缓慢地摇头。	"人世间最痛苦的事,莫过于此。"	
镜头切换中景。航拍(3秒)	绍兴城内典型的水巷,三艘迎亲的乌蓬船缓慢前行。迎亲乐队在船上热闹吹奏,岸边狭窄的街道上站满看热闹的人群。	"如果上天再给我一次机会,"	乐声继续,节奏稍变激烈。
镜头转移,定位近景。(2秒)	男主角穿着中山装,拨开人群,边跑边喊。	"我会对那个女孩说,"	
镜头切换特写。(1秒)	船舱内,女主角立即掀起红头盖(欣喜的表情)。	"我爱你。"	

143

续表

镜头(时间)	画面	音效	
镜头切换近景。(3秒)	女主角怀抱女儿红酒坛,穿着礼服,从船舱中奔出,连跳过几艘相挨着的乌蓬船甲板,跑到岸上。	"如果一定要给这份爱加个期限,"	加以唢呐的声音。
镜头转移从侧面拍摄。(2秒)	男主角接过女主角手中的酒坛,两人相视无语。	"我希望是一万年。"	
镜头不动。(3秒)	画面模糊,打出字幕(上下排列):"女儿红喜酒,中国绍兴。"	女声(轻柔地):"多情自古女儿红"	

说明:① 该广告脚本时长为30秒。在具体的投放中,可以根据实际的需要重新剪接,以减短长度。② 该广告的广告文案是原搬《大话西游》中的台词,可以考虑全盘改换。③ 建议广告中的女主角由当红青年演员周迅出演。周迅是浙江衢州人,在气质上比较合适,曾出演过电影《女儿红》,是女儿红品牌的最佳代言人。

三、广告执行策划

(一) 广告实施

本策划一经绍兴女儿红酿酒总公司通过,一切广告方案即于2001年开始实施。经过2000年700多万元的广告投入,已经使女儿红牌女儿红酒在上海、南京、杭州等城市的品牌知名度大大提升;在江浙沪地区的市场占有率也有很大的提高;公司在全国设立的2万多个销售点也已基本正常经营,所以,宜在2001年趁热打铁,进行一轮更强的广告攻势。

1. 导入期(2001.1~2001.6)

这一阶段正好以中国传统节日春节(1月24日)起始,到端午节(6月25日)结束,而且在气候上属于冬春寒冷季节,正是女儿红酒的最佳饮用时期。在这一时期重点投放电视广告,选择全国性媒体(如中央电视台和江浙沪地区电视台),以及安徽、江西、福建、广东四省有线电视台进行品牌形象宣传。配合传统节日的热闹气氛,很容易传播到百姓中去。2万多个销售点的广告同时以铺天盖地之势展开,除了店面张贴之外,还可以大量分发广告宣传单,促进销售。

导入期为6个月,时间是比较长,但这是在女儿红酒已有的很强品牌知名度的情况下导入的,所以该导入期其实就是很好的销售时段。它的时间较长,也是最重要的阶段。

2. 生长期(2001.7~2001.10)

这一阶段正是暑期,饮用白酒和黄酒的人都较少,所以可以减少广告数量,取消中央电视台和皖、赣、闽、粤电视台的广告,保持少量的电视广告。而这一时期也是旅游旺季,所以广告可以转向用广播和报刊形式进行旅游纪念品和礼品的宣传,以不温不火的广告量维持品牌的知名度。

3. 延续期(2001.11~2001.12)

天气开始转寒,新一轮的销售高潮即将开始。此时可以针对前面广告中存在的问题,适当调整广告策略,逐步回升广告频率,但可不必达到导入期的广告攻势。目标可以瞄准新一年的春节市场。此时的广告应该偏重于实效,多进行促销活动。

(二) 媒体策略

1. 媒体组合

以电视和店面招贴为主要媒介,以广播、户外路牌、报纸、杂志和宣传单为辅助媒介。

2. 媒体的选择

(1) 电视台:中央电视台、上海东方电视台、江苏电视台、浙江电视台、南京电视台、杭州电视台,以及皖、赣、闽、粤四省有线电视台。

(2) 店面招贴:全国2万多家女儿红酒的销售点。

(3) 户外广告牌:重点销售区的大城市,如上海、南京、杭州、苏州、绍兴等。

(4) 广播:中央人民广播电台和东南各省电台。

(5) 报纸、杂志:适时适地选择。

3. 媒体细节考虑

(1) 中央电视台的时段选择,不一定要选择黄金时段,要量力而行。

(2) 对江浙沪地区电视台和四省电视台的时段选择进行有机结合,比如选择了南京电视台的黄金时段,那么在江苏电视台就可以选择非热门时段。在黄金时段的选择上最好跟随热播的电视剧。

(3) 有大型户外路牌广告的城市,一定要有产品的销售点。

(4) 店面招贴可以进行常年宣传,不要停顿。在促销期间还要增加新的招贴画,同时发放广告传单。特别在旅游区的销售点,招贴广告形式相当重要。

(三) 公关与促销

在广告的强烈攻势下,进行公关促销活动是锦上添花;在广告生长期,广告投放量减少,公关促销活动则肩负起挑大梁的作用。所以在不同的时期,女儿红酿酒总公司要善于把握不同的外在机会,或者自己创造机会来开展活动。

(1) 在女儿红酒广告投放初期,利用相关媒体和社会公共场所进行"女儿红"文化的宣传。

① 在电视台和广播电台的音乐专题节目中,大量点播陈少华的《九九女儿红》。

② 在《故事会》、《散文》等著名杂志中刊登"女儿红"的传说和有关女儿红的精美散文。

③ 借中央电视台春节期间播出电视连续剧《笑傲江湖》时期,开辟专栏讨论节目,讨论剧中有关酒文化的内容(女儿红酒在其中有很大的比重)。如果能请到金庸先生参与讨论,那更好。

④ 在社会上召开新老明星见面会,邀请陈少华和周迅与 Fans(歌迷或影迷)见面,借机做好"女儿红"的宣传。

(2) 为使女儿红喜酒顺利地进入百姓生活,需要进行一次大规模的促销活动。本策划提供的活动方案是在 2001 年 3 月份里,凡在中国境内举行婚礼且需要大摆宴席的居民,只要向销售点订购女儿红牌女儿红酒达到 20 罐以上的,可同时赠送订购量的 10%,即订购 20 罐,发货 22 罐,并且公司还专门奉上一份精美的结婚贺礼。

(3) 2001 年,第四届中国黄酒节和第二届绍兴黄酒节将相继举行,绍兴女儿红酿酒总公司可以把握这一时机,在参展宣传上下大工夫,力求别具一格。这次公关活动的目的是进行行业内部的竞争,使自己在同类产品中脱颖而出。

(4) 广告实施的生长期,也是旅游旺季,这时的公关促销活动重点应该放在旅游纪念品市场和礼品市场上,活动的区域可以突破绍兴地区,扩展到江浙沪的各大旅游点。

① 即时推出精装高档的女儿红酒,使柜台上的旅游品档次齐全,给不同的旅游者以选择的余地。

② 在旅游区的各大特色酒店中开展品尝女儿红酒的活动。只要在该酒店用餐的顾客,每人免费赠饮一杯女儿红美酒。

(四) 广告效果评估

(1) 对各地市场的销售效果分期作归纳总结,并以江浙沪地区为主进行市场抽样调查,把握市场情况,通过比较看广告效果。

(2) 借助印刷媒体或网络在全国范围内进行简单的调查,以评估女儿红牌女儿红酒在经过一番广告攻势之后在市场上的认可度。

(3) 委托各地销售点及时反馈女儿红酒的销售情况和消费者的反映,以改进广告宣传和促销的策略。

(五) 广告预算

1. 费用安排计划

表5　费用安排计划表

项目		费用(人民币)
媒介购买	电视台	540万元
	户外路牌	100万元
	广播	60万元
	报纸、杂志	60万元
广告代理	广告制作	80万元
	广告策划	30万元
公关促销活动		200万元
市场调查		30万元
机动调节		80万元
总计		1180万元

2. 关于该预算的几点说明

(1) 媒介购买费用中,由于电视广告要购买中央电视台和多家省市电视台的广告时段,预算可能还有不足。所以,在尽量保持该预算水平的情况下,只能对时段和投放期限进行适当调整,例如中央电视台只投放半年时间,不投黄金时段。

(2) 按政府主管部门和行业内部规律,广告代理的费用一般为广告总投入的 10%～15%。考虑到公司在前期投入时资金有限,所以只按 10% 提取,其中大部分都用于广告制作。

(3) 在广告制作中,女儿红公司如果需要聘请周迅为产品的形象代言人,那么这方面的资金需由公司自己另外支付,并未列入本预算中。

(4) 市场调查费用主要是用于广告效果评估中所进行的市场调查活动,不包括公司前期进行的调查。

(5) 根据实际需要和市场变化的情况,设置 80 万元的机动调节费用,以备不时之需。最有可能的是作为媒体项目的补充经费使用。

　　　　九九女儿红,埋藏了十八个冬
　　　　九九女儿红,酿造一个十八年的梦
　　　　…………

网络营销类策划书

卡地亚珠宝企业网络营销策划书

一、公司及产品简介

1847年,Louis-Francois Cartier(路易斯·弗朗索瓦·卡地亚)接掌其师Adolphe Picard(阿道夫·皮卡尔)位于巴黎Montorgueil(蒙特吉尔)街29号的珠宝工坊,卡地亚品牌于此诞生。1904年,卡地亚(Cartier)为老朋友山度士(Santos)制造的金表一炮打响。从此,卡地亚手表一直是上流社会的宠儿,历久不衰。拥有150年历史的卡地亚,为瑰丽无匹、巧夺天工的珠宝钟表历史写下辉煌的篇章,卡地亚之名与其珠宝一样璀璨耀目。

卡地亚不仅是天才设计师,更具有精密心思,并不断钻研技术。他设计的魅幻时钟即为珠宝镶嵌的惊世杰作,将日渐式微的钟表制作工艺推向新里程。时至今日,每件卡地亚手表皆选用瑞士机件,不啻为创意与技术的完美结合。该企业品牌在世界品牌实验室(World Brand Lab)编制的2006年度《世界品牌500强》排行榜中,名列第179。

二、网络营销环境分析

(一) 市场环境分析

1. 行业外部环境分析

在走过了新世纪以来最困难的一年后,中国经济 2010 年将继续保持企稳回升的态势。经济专家预测,2010 年中国经济有望进入本世纪以来的第二轮高增长、低通胀的黄金增长周期。2010 年是实施"十一五"规划的最后一年,保持经济平稳较快增长,对于进一步有效应对国际金融危机,巩固经济回升基础,为"十二五"规划的启动和实施创造良好条件至关重要。中央经济工作会议提出,要加大经济结构调整力度,提高经济发展质量和效益,要以扩大内需特别是增加居民消费需求为重点,以稳步推进城镇化为依托,优化产业结构,努力使经济结构调整取得明显进展。随着投资增长的延续,消费的稳定增长,外需的明显改善,中国经济将继续保持强劲的复苏态势。

2. 行业内部环境分析

全球的珠宝电子商务始自美国。Blue Nile、ICE 等一些珠宝电子商务,为美国珠宝市场带来新的购买钻石的浪潮。在 2009 年圣诞节,Blue Nile 的销售增长了 17%,而许多传统品牌的增长则非常有限。在美国,珠宝网上销售已广为消费者所接受,Tiffany(美国蒂梵尼公司)也不得不进入这一领域。而在亚洲市场,包括中国在内,这种习惯还没有形成。人们更信赖亲自到珠宝店买珠宝的尊贵体验,在互联网上买钻石,一直让人们担心。珠宝网上销售一直处于艰难爬升阶段。

在全球钻石行业中,中国的发展令人惊叹。2009 年 DAC 报告称,2009 年中国成品钻进口额增长了 31%,达到 6.99 亿美元。这使中国的进口在 2009 年一跃赶上了日本,从而成为仅次于美国的第二大钻石消费市场。2010 年,全球钻石业对中国消费者寄予很大希望,对于中国的珠宝电子商务市场也非常期待。

中国珠宝电子商务的成长,与上网的人数、人们购物习惯的慢慢形成有关。

2010年5月份,北京正望咨询有限公司最新发布的《中国网上购物消费者调查报告2010》显示:2009年度,我国网上购物继续高速发展,2009年全国网购规模达到2670亿元,网购人数达到1.3亿。而上海市和北京市的网购金额双双突破200亿元,分别为285亿元和229亿元。另外,该报告预测:2010年我国网购市场规模将达到4900亿元。今年是中国传统的虎年。在沉寂10年后,一些珠宝电子商务品牌,都期望在虎年有所收获。中国的前两大电子商务品牌,钻石小鸟在2010年的销售目标是3~4亿元,另一个由珠宝工厂转型的电子商务品牌欧宝丽,目标是1亿元。他们的发展,让传统珠宝商深感不安,而越来越多的中国消费者对这种方式表示了认同。这就为珠宝电子商务在中国的发展提供了不可或缺的机遇。

(二) 企业形象分析

追求完美、创造精彩,始终是卡地亚的经营理念,也反映在卡地亚的设计作品中。大处小节均充满精心,仿佛在读一本书,一本关于女人的书,让女人更自信,更动人,更有活力。女人对饰品的满意是我们最大的动力。我们渴望一种心灵的震撼。

流行来去,而风格永存。卡地亚,享誉钻饰业界的著名品牌,以傲视群芳的灵性创作,完成卡地亚人对爱和美的精神探索,赋予所有女性渴望拥有的奢华与高贵。雄厚的实力、独特的经营理念、先进的管理模式和优秀的专业人才,积淀成宝贵的财富,在岁月的诉说中,彰显如钻的品质。

(三) 产品分析

19世纪初,卡地亚首创性地采用铂金作为钻戒的底座,从而更好地衬托出钻石璀璨的光芒。铂金的轻盈度令钻石更加灵动突现,而铂金的坚韧度也为工匠师们提供了更多发挥的空间,促进了钻戒的发展。自第一枚卡地亚铂金订婚钻戒问世以来,卡地亚钻戒在镶嵌、设计、造型等各方面不断变化创新,而唯一不变的是卡地亚对钻石挑选的精益求精。

百年中,卡地亚始终坚持挑选最佳品质的钻石。卡地亚钻戒上的每一颗钻石,都要经过严格的标准筛选:

所有0.18克拉以上的单颗钻石,都必须拥有最权威的国际钻石鉴定机构

GIA(Gemological Institute of America,美国宝石学院)颁发的 GIA 鉴定证书；而且，只有 D 到 H 的色泽等级(Colour Grade)、FL 到 VS2 的净度等级(Clarity Grade)，以及极好(Excellent)和非常好(Very Good)的切割等级(Cut Grade)才能符合卡地亚的要求。此外，卡地亚还会特别测量钻石的火彩(Fire)和白光(Brilliance)，以求最为完美的亮光度、色散光度和闪光度。经过重重筛选后，在全世界的钻石库存量中，仅有2%的顶级钻石可以成为卡地亚的5C美钻之选。

卡地亚崇尚低调的奢华，给客户一个尊贵典雅的感觉。

（四）竞争分析

我国珠宝首饰业的市场结构主要表现为：行业集中度低；进入壁垒逐渐降低；高档市场空白，中档市场竞争激烈；珠宝首饰企业有各自的市场，地区分布不均衡。而卡地亚悠久的历史与知名的品牌，将会为其赢得很高的竞争优势。不过，在经济全球化的今天，其他国际知名珠宝品牌的介入，也会为卡地亚带来强大的竞争压力。

（五）消费者分析

目前，消费者主要表现出以下消费倾向：
(1) 从盲目性保值到理性收藏。
(2) 从大众化盲从性消费到个性消费。
(3) 从普通性了解到专业性认识。
(4) 从简单产品意识到品牌意识。
(5) 从物质消费到精神消费。

珠宝首饰消费观念的转变，说明了当今珠宝首饰的消费观念已从感性化逐步走向了理性化，逐渐走向成熟。消费观念的理智性和成熟化，也必将导致整个珠宝市场向更加完善化和规范化的方向发展。

市场竞争越来越激烈，企业和产品必须进行营销创新，以突破企业市场营销的瓶颈。随着互联网时代的到来，中国的网民越来越多，大家都习惯上网查找相关信息，人们对网络销售逐步认可。其中不少人有网上消费行为，特别是年轻人，网上消费被认为是一种时尚、方便的消费方式。而目前，网络安全技术的进步和信用体系的不断完善,必将进一步带动网络销售的发展。

三、SWOT 分析

(一) S——优势

(1) 拥有150年历史的卡地亚,为瑰丽无匹、巧夺天工的珠宝钟表历史写下了辉煌的篇章,卡地亚之名与其珠宝一样璀璨耀目。

(2) 卡地亚不仅是天才横溢的设计师,更具有精密心思,并不断钻研技术。他设计的魅幻时钟即为珠宝镶嵌的惊世杰作,更将日渐式微的钟表制作工艺推向新里程。

(3) 卡地亚的艺术领域不断拓展,除珠宝和钟表外,还包括皮具、眼镜、书写工具、打火机、香薰、丝巾及各种精美配饰。

(二) W——劣势

(1) 自主设计水平还不高。

(2) 面临设计人才不足的瓶颈制约。

(3) 珠宝企业从加工中获得的利润很有限。

(4) 缺乏高级网络经营人才,网络技术、物流方面还不完善以及网络安全等问题。

(三) O——机会

(1) 经济和社会的不断发展。

(2) 人民生活水平不断提高。

(3) 网上购物的趋势化。

(4) 对 C2C(Customer to Customer,消费者对消费者的交易模式)卖家的不够信任。

(5) B2C 网站专业性强。

(四) T——威胁

(1) B2C 商城不断增加。

(2) 出现了一些专业性的 B2C 网上商城。

(3) 目前国内珠宝行业的竞争还不是真正意义上的竞争。

(4) 中国劳动生产率低。

四、网络营销策略

(一) 营销定位

模式定位：B2C

网络营销的模式主要有三种：B2B(Business to Business，企业与企业之间的交易模式)、B2C、C2C。在详细分析网络营销的作用、公司的经营策略和公司对网站建设的要求之后，我们将网站模式设定为 B2C。它是企业与企业、企业与顾客、顾客与顾客的沟通桥梁，为企业塑造形象，向顾客传递信息，联系与顾客之间的感情，提供了一个销售平台。

(二) 网络营销组合策略

1. 产品策略

以顾客为中心。顾客提出需求，企业辅助顾客设计和开发产品，满足顾客的个性化需求。营销过程不单是推销产品的过程，而首先是一个满足顾客需要的过程，而顾客的需要是多方面的，不但有生理和物质方面的需要，而且还有心理和精神方面的需要，所以营销应是一个整体的概念。

2. 品牌策略

保持世界珠宝行业知名品牌地位并争创更高品牌。

3. 渠道策略

（1）渠道现状。目前网上销售珠宝的卖家，大致可分为淘宝专职卖家与实体店经营者两大类。前者的优势在于熟悉淘宝的销售、信用度高、时间充裕；后者的优势在于有实物和价格优势，对产品更了解。

（2）渠道优化。主要通过以下方式进行渠道优化。

① 加强培训与指导。对不熟悉网上经营的珠宝加盟商，应重点对网店的经营进行专业培训，目的是提高加盟商的总体销售业绩，提高他们对珠宝品牌的忠诚度。

② 提供精美且高质量的商品图片。优质的图片，这将有助于提高产品的销售量。

③ 发展更多的优质代理商。目前淘宝上涌现出一批销量惊人的卖家，如能发展一批销售能力强、产品互补的卖家作为网上代理，可极大提升珠宝品牌在网上的可见度与销售量。

④ 建立完善的物流配送体系。物流配送随着电子商务的发展而完善，然而价格低则速度慢，价格高则总体价格没有优势。因而，企业应充分利用已建立起的覆盖全国的销售体系与仓储体系，由顾客所在地的总代理商或专营店发货，在降低顾客购买成本的同时提高配送速度，进而提高销量与顾客满意度。

4. 价格策略

（1）线上的价格要比线下的便宜。

（2）B2C 商城的可以比其他网上代理的贵。

5. 促销策略

（1）加入消费者保障服务。

（2）公司在节假日和新品上市时进行促销活动。如在刚刚过去的七夕，以及即将到来的中秋节、国庆节举办盛大的网络促销活动。卡地亚部分商品打折出售，且在网上购买卡地亚商品可获得精美礼品及积分。卡地亚用户有更多机会成为卡地亚会员。并在促销期间举行抽奖活动，中奖用户可以获得卡地亚公司相赠的精美礼品一份，特等奖可获得出国旅行券一张，获得到法国旅行的机会。

（3）充分利用实体门店和网络商城的优势进行促销宣传。在卡地亚网站购买卡地亚商品的顾客将会获得大量优惠，如低价、送积分等。

(三) 客户关系管理

客户关系管理（Customer Relationship Management，简称 CRM）是一个不断加强与顾客交流，不断了解顾客需求，并不断对产品及服务进行改进和提高以满足顾客需求的连续的过程。成功应用 CRM 系统，将给企业带来显著效益。卡地亚应具备完善的 E-CRM（Electronic Customer Relationship Management，在线客户关系管理）系统，由客户销售管理子系统、客户营销管理子系统、客户支持和服务管理子系统、呼叫中心子系统、辅助决策支付子系统、数据库及支撑平台子系统组成。通过完善 E-CRM 系统，提高卡地亚公司的管理水平。

(四) 个性化服务

公司网站为所有会员提供个性化平台，并为卡地亚网站设置专门的兴趣设计模块，所有会员与非会员都可以自己设计花样各异的珠宝，也可以让您为她（他）设计出属于自己的爱情象征品。设计出的珠宝首饰，可以自己收藏，也可以发布到网站，依自己意愿而定。发布到网站上的作品，卡地亚会尊重该会员的所有权，如有顾客想要定制购买会员设计的珠宝，在该会员认可的情况下，可以卖给消费者，并为该会员赠送积分。购买的越多，送的积分就越多。达到高级 VIP（Very Important Person，贵宾）的会员，如有一定数量的人定制购买该会员设计的珠宝，还可以为其提供一次免费的法国浪漫之旅，并可获得到公司总部参观的机会。非会员所设计的优秀作品，会另行奖励，以提高用户参与的积极性，提高卡地亚的知名度。有畅销可能的优秀作品，卡地亚会真诚与其合作，购买其版权，并送积分或卡地亚其他作品作为奖励。

五、企业网站建设

（一）网站分析

1. 网站流量分析

通过在网站服务器端安装统计分析软件进行网站流量监测，为网络营销人员查看部分常用网站推广措施所带来的访问量，如网站链接、分类目录、搜索引擎自然检索、投放于网站上的在线显示类网络广告等，从不同方面分析网站的运营效果提供方便。

2. 站点页面分析

模式一：进行网站整体风格的美术设计和策划，量身定制网站首页和通用二级页面模板，制作网站动态旗帜广告1套，页面Java(Java语言)程序效果1种。

模式二：进行网站整体美术设计和策划定制网站导航页和各页面，以及三种通用二级页面模板，制作专题图标和网站动态旗帜广告，页面Java程序效果2种。

卡地亚珠宝网站应使用适合产品和受众群体的色调，以清雅、素净的冷色调为主，并附加其他色调，从而凸显网站是以满足大众群体、体现产品风格为主的网站，达到吸引消费者的目的。

3. 网站运用技术和设计分析

主要是电子商务中的信息技术、网络技术、数据库技术、网站主流开发技术（CGI通用网关界面、ASP硬盘保护技术、PHP超级文本预处理语言、JSP Java服务器端语言）、磁盘存储技术、电子商务网站服务平台技术。

4. 网络营销基础分析

（1）Internet（因特网）的快速发展是网络营销的技术基础。

（2）消费者价值观的变革是网络营销的观念基础。网络社会消费者心理变化趋势和特征，主要是个性化消费的回归，消费主动性的增强，购物方便性和趣味性的追求。价格也是影响消费心理的重要因素。

(3) 网络营销强调个性化的营销方式。

有了以上基础,网络营销的开展才会更加迅速、方便。

5. 网站运营分析

采用"网站—实店"的经营模式,但偏于网站。

主要把店铺销售的优势和网络销售的优势结合起来,优势互补、扬长避短。单纯的网络销售虽然信息量大、方便快捷,但交易后很难有售后保证;单纯的店铺销售虽然交易安全,售后服务有保障,但信息优势上无法和网络销售相比。因此,在拥有一家实体店的同时,卡地亚也要有一个独立的销售网站。和其他 B2C 网站一样,网站上有商品信息、交易方式和安全保障。有独立的店铺,消费者对购买的商品有任何意见,可以方便地到店铺解决,这样店铺就成了网络销售的一个售后服务站,同时在网上出售的部分商品还可以直接从店铺里出货,不需要通过快递公司,这样既节约了成本又节省了时间,店铺成了销售网站的一个货品门市。

具体消费流程为:顾客在网站选定喜欢的商品发订单;接单后,根据顾客的订单将商品送到顾客手中;顾客收到货后,将货款交付给送货人员;顾客也可直接到店铺取货购买,如传统交易一样,这时网站又成为店铺的一个信息平台。

(二) 网站优化

为了优化网站,加快网页下载速度,除了对图片进行优化外,还需对网页其他各个元素进行优化。在网页编制过程中如能充分利用编辑工具,也可以在网页制作中达到优化的目的。

1. 合理调用 CSS(Cascading Style Sheets,层叠样式表单)

进行网页设计时,运用样式表单 CSS 来对页面元素进行布置,可以大大减少 HTML(Hyper Text Markup Language,超文本标记语言)代码。

2. 为服务器减负

在交互网页中,用户常用表单向服务器提交数据,等待服务器的数据处理,然后返回浏览器,等待的过程令人心烦。为此,进行网页编辑时,有必要对服务器进行考虑。Dreamweaver(美国 Macromedia 公司开发的网站开发工具)中制作网页,在为服务器减负工作中有一项做得较出色,就是对用户所提交的表单的合法性进行验证,只需在浏览器端进行,不必返回到服务器验证,既减轻了服务器的负担,又让浏览者少一份伤心的等待。

3. 自我"减肥"

目前网页"减肥茶"很多,随处都可找到,而在 Dreamweaver 中,不必四处找"减肥茶",利用其自身的"减肥"功能,足可以使网页"苗条怡人"。

4. 合理应用表格

不但要为服务器减负,对使用的浏览器更需要减负,也就是尽可能地缩短浏览器对页面的解析时间,上面提及的 Java Script(基于 Java 语言的一种脚本语言)脚本加入就是一个例子。影响浏览器对页面解析的还有表格,因为浏览器对表格的解析时间与表格的大小、复杂程度成正比。而在 Dreamweaver 中,为了版式的安排,通过加入大量表格来进行定位,有些人甚至在大表格中套入多重的小表格,这实质上也是在加大浏览器的负担,使页面呈现时间大大加长。为此,在使用表格时,应尽量将表格打散,并尽可能地避免表格的层层相套。

5. 网站结构优化

卡地亚网站的结构,应清晰简洁,布置要合理。整体风格应以简单明了为主。

6. 网页标签优化

网页标签通过合理设置,应最大限度方便消费者检索、查找。

7. 超链接优化

卡地亚网站的站内超链接和站外超链接,要设置得合理自然,便于用户使用。

8. 页面内容优化

卡地亚网站的页面内容,要简洁大方且图、文、动漫相结合,使得页面内容不会太呆板;文章需要进行合理的分段;内容突出主要的关键词(加粗、描红都可以,但要适当,不能过量,一般1~2个就可以);尽量添加图片,做到图文并茂;内页有相关页面和新闻;文章内容不能过长,一般以不超过5 000字为宜;文章页最好有可以评论的地方,一是增加和阅读者的互动,二是保持页面的更新,便于搜索引擎的更新抓取。

六、网站推广

对于珠宝企业而言,初期要谨慎投入,探索出一条更适合自身的、性价比更高的网站推广方案。同时,要实施常规网站的推广方法,尽快提升网站访问量,使尽可能多的目标用户了解。

(一) 搜索引擎推广

(1) 关键词设计要合理,以方便用户利用搜索引擎更加方便地搜索到本网站。

(2) 针对各种搜索引擎的检索特点,让网页设计适合搜索引擎的检索原则,从而获得搜索引擎收录并在排名中靠前的各种效果。

(3) 通过 Google(谷歌)关键词广告、百度竞价排名等方式,提高卡地亚在搜索引擎中的排名,达到提高卡地亚网站知名度的目的。

(二) 相关链接交换

在做网站链接时,本网站不会在网站首页上方设置过多的图片链接,所做的链接数量不可过多,并分析潜在的合作对象,向目标网站发出合作邀请,以达到资源共享的目的,并通过网络会员制营销进行资源合作。

(三) 网络广告投放

通过网络广告的投放,加强卡地亚品牌的宣传力度,扩大卡地亚的受众群体。卡地亚采用全屏广告、通栏广告、关键词广告的形式。视频广告要有针对性地、精确地、低成本地、互动地传递给目标用户群。在采用网络广告推广时,广告费用的考虑不可或缺,虽然其成本较低,卡地亚会在 CPC(Cost Per Click,每千次点击收费模式)和 CPA(Cost Per Action,按回应订单计费)之间作出选择。

(四) E-mail 营销

(1) 卡地亚网站会通过合法程序收集目标用户的 E-mail,用户 E-mail 资源必须是合法的,而且要经过用户的许可。

(2) 卡地亚自身承诺,决不向目标用户发送垃圾邮件。

(3) 本次 E-mail 营销的用户定位是中国中高收入群体。

(4) 合理的费用和定价模式:采用按购买的有效用户 E-mail 数量进行收费。

(五) 线下宣传

卡地亚网站推广,除了在线上宣传推广外,还会在线下对卡地亚网站及其品牌进行宣传推广,如采用报刊、杂志、电视广告促销的方式,对网上购买卡地亚珠宝的优惠措施进行宣传推广,以提高卡地亚网站的知名度,促进卡地亚珠宝电子商务的发展。

(六) 商城直销

采用网络商城直销的方式,培养优秀的在线咨询人员以及在线销售人员,实现售前、售中、售后全程优质服务,以提高本网站的美誉度和知名度,增加卡地亚的客户数,尤其是网上客户数。

(七) 服务营销

无论是线上还是线下,售前、售中还是售后,优质的服务都是赢得企业美誉度、提升公司知名度的重要方式。卡地亚通过采用优质服务的营销方式,提高网站知名度,促进卡地亚的发展。有卡地亚用户(包括潜在用户)的地方,就应有卡地亚优质的服务。

七、预算及效果测评

(一) 项目盈利模式

卡地亚的盈利模式,主要是 B2C 商城盈利模式。

(二) 项目成本分析

卡地亚网络营销成本,分为初期开发成本与后期推广与维护成本。

1. 初期开发成本

初期开发成本包括硬件成本、软件开发成本。

设备费用:

(1) 域名注册:中文通用域名,每个 280 元/年。

(2) 虚拟主机:MS SQL(50MB),1 200 元/年;WAP 支持,在原虚拟主机价格的基础上增加 30%;聊天室(100 人),800 元/年,共 2 360 元。

开发费用:

硬件成本,租赁一台大连网通服务器-XD3080,市场价格 5 000 元/年,且送一年使用权。

虚拟空间租用,50MB 主机空间,400 元/年。

(1) 系统

表 1　系统内部及费用表

系统内容	价格
新闻发布系统	1 500 元
公告发布	500 元
产品发布/网上订购	2 000 元
管理员综合系统	1 000 元

(2) 网站开发:整个网站初期设计成本,包括 1 个主页、10 个子页,共 11 个页

面,外加整体网站 CI 设计,合计约为 6 250 元。

初期开发成本总额为 20 000 元左右。

2. 后期推广与维护成本

后期推广与维护成本,包括虚拟市场推广费用和硬件维护费用。

前三个月广告投放费用约为 50 000 元。

硬件维护费用为 2 500 元/人×4 人×12 月＝120 000 元

1 年期总成本为 17 万元左右。

(三) 项目盈利分析

卡地亚电子商城初期盈利较低,预计需要 11 个月方能赢回成本,第 12 个月开始盈利。

创业类策划书

心理咨询公司创业策划书

1 摘 要

  我国心理咨询业蕴藏着巨大的潜力和商机。湖南省作为全国的教育大省,每年需要咨询的学生大约有30%。据调查,目前心理咨询市场比较混乱,没有对现有市场进行细分,也没有具有较好品牌形象的专业心理咨询公司,这就为我们进入市场创造了条件。公司成立初期,主要宣传心理咨询是高质量、高品位生活的象征,改变人们对心理咨询的传统认识,提高公司的品牌形象并创造更多的市场需求。通过解决现代人们生活、情感、压力等方面的问题,帮助人们提高生活质量。

  阳光心理咨询有限责任公司是一个专业心理咨询公司,拥有国内知名的心理咨询专家和具有良好职业道德、行业经验的专业人士,提倡心理健康是优质生活的标准的新概念,为人们提供尽善尽美的心理保健等服务。

  公司注重短期目标与长远战略的结合,中长期目标将逐步拓宽心理咨询及管理心理领域,打开并进入心理咨询高端市场;开展大众心理课堂及出版心理卫生与健康相关的书籍;继续完善企业网站,使之成为心理咨询的门户网站;成立会员俱乐部,形成以心理咨询服务为核心的多元化经营的企业。

2 公司描述

2.1 公司宗旨

公司使命：向人们提供"贴"心的服务，保证优质、健康生活。

公司宗旨：倾听您内心的风暴，让阳光洒满心灵。

公司经营策略：树立良好的品牌形象，提供优质的个性化服务。

2.2 公司名称和结构

公司名称：阳光心理咨询有限责任公司。

公司组织结构（略）。

2.3 公司部门职责

总经理：根据董事会确定的公司发展战略规划实施运营；研究制订具体措施；确定内部组织机构；协调各个部门之间关系；任命和解雇部门经理；并定期向董事会报告公司经营情况。

服务部主管：负责公司的日常服务管理；根据市场部门提供的情况调整和组织服务；协调处理与顾客之间的关系。

财务部主管：对公司内部的财务控制、会计、投资活动负责；定期向总经理递交财务报告；分析公司财务状况并提出意见。

市场部主管：对公司的整体营销活动负责，管理营销队伍。

人力资源主管：负责公司人员招聘、培训、选拔、提升及关系协调；制订有效的人员考评和激励机制；营造以人为本的企业文化。

网络技术部主管：负责公司心理咨询网站的开发与维护，并密切配合市场部，做好网络营销。

2.4 公司经营策略

主要服务是心理咨询(测量与治疗)与企业培训。基于各类咨询公司和机构还有很多不足和缺陷、无法满足细分市场顾客需求的市场现状,所以,公司在发展过程中,只要采取合适的经营策略,完全可以填补市场空白,满足更多顾客需求。

公司可以考虑采用以下一些策略,组合运用,逐渐形成自身的竞争优势。

2.4.1 体制领先

在完全市场化的环境下,心理咨询公司的核心竞争力,最终取决于其人才的素质和能力。从下面几方面加强人才管理:建立以员工为本的公司体制;提高员工待遇;提高员工的工作满足感;对员工进行职业规划和提供良好的培训机会;公司文化制度领先于其他公司。

2.4.2 概念领先

对现有目标顾客的需求作深入研究分析,在此基础上,提出一些新的服务理念,以新的经营概念在心理咨询行业中取得突破,提高自己的知名度和树立自己的品牌。在未完全市场化的情况下,很多心理咨询服务概念比较单一,经营方式比较被动。由于我们是新创公司,更有利于发挥这种服务理念的优势,大胆尝试新的心理咨询思路,形成自己的服务特色。

2.4.3 服务领先

服务领先,这是公司进入市场最容易取得突破的途径。公司不仅为顾客提供优质的服务,更重要的是这种服务具有创造性。

2.4.4 创造品牌

一个企业的竞争力往往不是来自其自身的力量大小,而是来自其品牌。所以,公司要不断提升品牌的知名度和美誉度,以确保公司成为西安心理咨询行业中的第一品牌。

2.4.5 相对价值增值

体验式的心理服务体系,具有人文性、艺术性;提供优美的咨询环境,让顾客心理得到尽可能大的满足;给人们带来新的生活理念,让人们更懂得关注心理健康和卫生,为社会和谐发展作出努力。

2.4.6 公司设施

服务与办公场所及装修：120~150平方米，用于企业日常办公和服务。

办公设备：电脑7台，电话6部，电视5台，办公桌椅8套，打印机1台，沙发2套，书柜3个，办公文化用品若干，中央空调1台。

服务设备：心理测试系统、心理诊断系统、脑波治疗仪器。

3 服务描述

3.1 服务项目

3.1.1 心理咨询与心理治疗

心理咨询的英文是Counseling（"咨询"），从字面上看，是洽商与顾问指导的意思；或者是Psychological Counseling（"心理咨询"），意即在心理方面给予咨询对象以帮助、劝告、教导的过程。美国心理学家卡尔纳对咨询的定义是：咨询是指一种专门向他人提供帮助与寻求这种帮助的人们之间的关系，在这种关系中，助人者的手段及其所创造的气氛使人们逐步学会以更积极的方法对待自己和他人。

心理咨询是运用心理学的知识、理论和技术，通过咨询者与求询者的协商、交谈和指导过程，提供可行性建议，针对正常人及轻度心理障碍者的各种适应和发展问题，帮助求询者进行探讨和研究，从而达到自立自强，增进健康水平和提高生活质量的目的。

实践证明，心理咨询对提高心理健康水平的帮助是非常明显的。在心理咨询中，通过帮助关系可以使求询者心理健康朝着好的方向转化。这里包括三个方面的含义：第一，可以帮助求询者提高解决自身和人际关系方面问题的心理能力；第二，通常的咨询不仅可以消除某些病症，而且也可以促进人格的重建和发展；第三，不仅有心理障碍的人可以寻求咨询，就是在自身发展中遇到阻力的正常人，也同样可以寻求咨询并从中获益。

本公司心理治疗仪器是获得医疗资格认证的物理治疗仪器，它可以创造缓解压力的环境，改善人体心理和生理状态；增加脑供血，改善脑循环；提高注意力和改善学习,增强记忆力和激发创造力;提高生理和心理的适应及调节能力。它的精神类治疗范围包括:顽固性失眠、神经衰弱、强迫症、焦虑症等神经性病症,更年期综合症等心身疾病等。作为脑中风后遗症、原发性高血压、考生考期综合症、小儿多动症等病症的辅助治疗手段也有其独到之处和广阔的应用前景。

3.1.2 个人心理测量

心理测验是测量心理现象的数量化手段。大多数心理测验是通过向被试者呈现问卷、图片等方式,根据被试者的回答结果或反应来评分。现代心理测验的内容和评分方法都是标准化的。心理测验在精神卫生、教育、人才选拔、军事、司法等领域都有着十分广泛的应用。心理测量主要有智力测验、人格测验、心理疾病测试、职业测试、儿童心理测试等种类。

3.1.3 企业员工心理培训

企业员工心理培训是将心理学的理论、理念、方法和技术应用到企业管理和企业训练活动之中,以更好地解决员工的动机、心态、心智模式、情商、意志、潜能及心理素质等一系列心理问题,使员工心态得到调适,心态模式得到改善,意志、品质得到提升,潜能得到开发等。它有利于提高员工的工作绩效,增强员工的心理素质,提高员工的满足感和对企业的认知感,进而提高企业的经济效益,创造和谐的雇佣关系。

3.1.4 企业咨询

为中小型企业或公司创造或完善企业文化出谋划策,为企业或公司在顾客心理分析、市场行为心理分析、消费决策心理分析等方面,提供科学的心理学意见。

3.1.5 大众心理课堂

针对一般大众所需要的心理培训,比如想改善对孩子教育方式和方法的父母、想提高自己婚姻或感情质量的人、独居老人心理调节、产前或产后妈妈的心理调节、下岗工人心理的调节、就业心理培训、出国留学人员的心理培训、夫妻婚姻关系培训等,根据企业的发展和资源以及市场需求的变化,提供不同的心理培训内容。

3.2 服务方式

(1)面谈法:一般在提前预约的情况下,按照约定的时间前往咨询室进行咨询,可以自己选择咨询师,也可以由我们为顾客推荐合适的咨询师进行咨询,根据顾客不同的心理状况选用不同设计风格的咨询室。

(2) 电话法:首先,顾客需要提前把费用支付到固定的企业帐户,然后再进行电话咨询。

(3) 出诊法:只有拥有金卡的顾客才可以选择出诊咨询,咨询地点可以是咖啡馆、茶座、办公室等,一般不选用私人场所,特殊情况除外。

(4) 网上在线咨询:在企业网站中进行免费在线咨询。

(5) 企业咨询:可以在企业进行,也可在别的场所(如租赁教室等)。

(6) 课堂培训法:一般选择租赁的教室进行。

3.3 服务优势

(1) 接近主要的目标市场,具有地理优势。

(2) 以铭志广场和励志广场为标志性建筑,有利于消除咨询者的紧张情绪,环境优雅。

(3) 装饰讲究,档次较高,营造一种轻松的氛围,且咨询室的装修风格不同(不同的情况需要不同装修的咨询室)。

(4) 开创企业咨询与培训市场。

(5) 脑波治疗仪是西安心理咨询市场上唯一一部获得医疗资格认证的治疗器械。

(6) 价格按时段略有差别,有利于缓解时间上的冲突,对学生有优惠政策。

(7) 大众心理课堂,人数较少,有利于交流和互动,针对性强,课程分类细致,内容丰富且贴近社会的需要。

(8) 与学校保持密切联系,为部分学校心理学专业的学生提供实习机会。

(9) 进入高端市场,并提供独特、优质的服务。

(10) 网站建设及网络营销,提供在线咨询,开发与心理健康相关的一些特色板块(如心理智力小游戏、趣味心理测试等)。

(11) 服务系统完善(包括售前和售后服务),服务质量高。

4 市场分析

4.1 产业背景

随着工业化、都市化、信息化程度的不断提高,生活节奏的不断加快,社会竞争的日益加剧,人们的心理压力越来越大,人们对心理咨询、心理辅导的需求越来越迫切。根据预测,进入21世纪后,我国各类心理卫生问题将更加突出。健康心理咨询作为一种通过科学方法和手段提供有效心理援助的专业活动,是现代社会的一个重要职业领域,将成为我国热门的职业之一。美国著名成功学家戴尔·卡耐基(Dale Carnegie)认为:一个人事业上的成功,只有15%取决于他们的学识和专业技术,而85%是靠良好的心理素质和善于处理人际关系。

来自国际心理治疗大会的数字表明,保守地估计,中国大概有1.9亿人在一生中需要接受专业的心理咨询或心理治疗。我国心理咨询业蕴藏着巨大的潜力和商机,有广阔的发展空间。近期,中华人民共和国劳动和社会保障部(以下简称劳动和社会保障部)决定,于6月25日增加一次心理咨询师国家职业资格三级和二级鉴定,下半年的职业资格考试初定为11月13日,由省级职业鉴定指导中心具体实施。劳动和社会保障部也将于今年下半年颁布新版心理咨询师国家职业标准,并启用新版教程。在我国的很多高校,尤其是教育类的高校,越来越多地开设或者是加强了心理学科的建设,这为满足市场的需求提供了源源不断的动力。

当前心理咨询行业的调查显示,从业人员良莠不齐,心理咨询市场一片混乱,令人担忧。目前,正规的心理咨询机构主要分为三类:医院心理咨询(治疗)门诊、学校心理咨询室和社会上有相关执业资格的心理咨询机构。目前怀化市正规的心理咨询机构还不足10家,具有国家心理咨询师培训资格的机构也仅有3家。但是省心理学会理事长提供的数据显示,因为各种原因导致心理障碍的大学生占大学生总数的10%~30%。湖南省作为教育大省,需要进行心理咨询的大学生可以说数量惊人。而且在经济收入较高地区,例如高新技术开发区,那里的人们受教育程度较高,收入也较高,生活节奏较快,工作压力也相对较大。由于物质和精神常常是矛盾的,人们在满足物质生活的同时,也经常会付出一些精神上的代价,而且根据亚伯拉罕·马斯洛(Abraham Harold Maslow)的需要层次论,人们在满足基本生活需要的同时,会加大对社会、尊重、自我实现这三方面的精神需要。由此可见,我市心理咨询市场是非常有前景的。

4.2 市场特征

心理咨询的实际消费者是心理,接受咨询的多是工作、学习、感情等压力比较大的社会群体。市场特征呈现为接受咨询前的不可感知性。

心理咨询市场是个体化服务市场,服务过程属个人购买行为,树立人们对心理咨询等与心理健康相关活动的正确认识是最有效的营销方式。根据现有市场中人们不愿接受心理咨询的原因制定出相应的营销对策。

心理卫生已是当前社会发展的重要问题之一,心理咨询是帮助人们拥有身心健康和促进人格完善的一种手段,有助于人们更好地树立自己的价值观和人生观,在社会复杂多变的因素下,引导人们正确对待那些因素。

4.3 心理咨询发展前景

我国现在处于高速发展阶段,也是一个情绪重负的时代。这个时代造成了众多的心理不适、情绪障碍乃至精神疾病。社会在追求高技术,人们在寻求高情感,社会在向更大的集成化发展,人们则需要有更多的个性空间。矛盾、冲突,有的表面化了,有的还潜藏着。当代人们不仅需要身体的健康,更需要心理的健康。在这样的时代背景下,心理咨询就成为了社会发展的必然产物。而在中国,心理咨询还处于起步阶段,尤其是中西部不发达地区,发展时间较短,与西方发达国家相比还有很大的差距,所以心理咨询在中国未来的发展中具有很大的市场潜力。

4.4 宏观政策

我们可以看到,国家"十一五"规划纲要提出"六个立足",其中一条就是"以人为本"。这表明国家由偏重GDP的增长到更加注重人的全面发展,以增强国民的幸福感和心理卫生指数。

4.5 目标市场

定位于高校、企业、政府机关及中高收入家庭。

4.6 目标消费群

中高收入者（月收入1500元以上）、受教育人群（大专及以上）、青少年、高校学生、老年人等。

4.7 市场的开发与进入

据调查，怀化地区人们对心理咨询的品牌忠诚度较低，也可以说心理咨询领域还没有真正比较著名的品牌，人们对心理咨询的了解还不够深。从市场调查来看，目标客户群对心理咨询需求是有的，但是因为其中一些原因不愿进行，而这些原因是宣传手段可以消减淡化的。同时人们对心理咨询的市场前景是非常看好的，市场的容量也非常大。

市场开发与进入方案：

强调心理咨询对心理卫生及人生发展的重要性作用；宣传心理咨询的发展趋势，形成一种理念；接受心理咨询服务是高质量生活的象征，并引导其中一部分"潮流领导者"宣传心理咨询对个人生活的重大影响。

市场开发的方式在于大力宣传心理咨询，介绍心理咨询对提高健康生活的重要性，提高人们对心理咨询服务的认知程度；消除咨询者的一些顾虑，向其介绍心理咨询的效果，使客户了解心理咨询服务，适用情况等；通过大量宣传，培养人们接受心理咨询的观念。但需要较长时间（1~2年）的普及，然后，以适中的价格，尽善尽美的服务，有力的公关、宣传手段打开市场。

5 竞争分析

5.1 竞争服务和竞争对手

5.1.1 竞争服务分析

医院心理门诊：价格较低，一般为 50 元/小时左右，医生穿着白大褂，医院弥漫着浓浓的来苏水（Lysol）的味道，在人们的意识中去医院等于证明自己有病，严重的甚至认为是精神病。一般情况下，去医院的咨询者，心理问题较为严重，医院偏重于药物引导和治疗，对于精神科和神经官能症等相对严重的心理疾病尤为专业。

学校心理咨询：都是免费的，由教育部规定设立。湖南省高校共有专、兼职心理咨询老师 300 多名，有条件的中小学也普遍有心理咨询室。但是，学校心理咨询还远远不能满足市场的需求，而且在学校进行心理咨询，有些咨询者会顾虑隐私的保密性，比如在学校咨询怕被老师和同学看到，也怕咨询师会泄露自己的隐私等问题。

社会民营心理咨询：价格较高，一般为 100 元/小时左右，机构里的硬件设施、布置、格局略为讲究，但是在环境的美化程度上只能算是一般，而且企业的知名度有限，对心理咨询的宣传不够，对市场也没有细分。

5.1.2 主要竞争对手分析

华夏心理教育中心

优势：个体咨询与团体咨询相结合，给来访者提供最好的心理咨询，并且培训心理咨询师，给有志于心理学事业者和爱好心理学者提供了一个学习和实践的平台。开办时间比较长，已占据一定的市场份额，是怀化市场最有影响力的心理咨询机构。

劣势：没有进行市场细分，面广但对不同人群的针对性弱；在价格上对于学生没有任何优惠；企业知名度不够高，宣传力度不够；环境舒适感非常欠缺。

五三五医院心理门诊部

优势:与医院挂钩,是怀化市唯一的心理专科门诊部,以科研和心理治疗为发展方向,相关产品开发力度大,拥有一定规模的心理学资深专家,科研性研究活动多。

劣势:人性化服务不够,位于心理研究所内,人们进出的保密性不足;没有开发企业咨询服务。

培训市场

网站信息不丰富且内容比较枯燥;界面不够友好,互动性差;宣传力度不够,知名度不高。

5.2 竞争力分析

5.2.1 潜在的行业新进入者

心理咨询行业新的市场进入者会从两方面对企业构成威胁:一是潜在的行业进入者是行业竞争的一种重要力量,这些新进入者大多拥有良好的咨询服务能力和某些必需的资源,期待能建立有利的市场地位。新进入者加入该行业,会使心理咨询服务的市场扩大,带来对市场占有率的要求,这必然引起其与现有企业的激烈竞争,使咨询服务的利润有所减少。另一方面,新加入者要获得人力资源进行服务,从而可能使得行业人力成本升高。这两方面都会导致行业的获利能力下降。

5.2.2 互补品的威胁

心理咨询行业有时也会与别的行业形成互补的状况,其原因是这些服务具有互补的性质,比如心理咨询杂志或一些电视咨询节目。如果互补服务的价格比较低,这就限制了本行业的收益。

5.2.3 消费者议价能力

心理咨询市场现在的消费者议价能力比较弱,因为市场容量大,但是提供心理咨询服务的供给相对比较少,属于卖方市场阶段。

5.2.4 咨询师讨价还价的能力

在中国,对心理咨询行业来说,咨询师数量较少且高级咨询师缺乏。由于心理咨询师对咨询服务的作用非常重要,所以咨询师有很高的议价能力。

5.2.5 现有竞争者之间的竞争(略)

5.3 模仿竞争

为了提高企业不可模仿的竞争优势,我们主要以提高企业核心竞争力为主,主要表现在以下几方面:

(1) 依靠网络经济的力量,大力发展企业网站,使之成为心理咨询领域的门户性网站。

(2) 良好的企业品牌形象,使之成为不可代替的服务商。

(3) 灵活的经营策略,根据市场变化和预测及时作出相应的调整。

(4) 多样化的经营项目,分散风险。

(5) 良好的企业文化,为人才的吸纳与培养提供良好的环境。

(6) 顾客的宣传力及企业多方位的宣传途径。

6 营销策略

6.1 发展战略

6.1.1 初期(1 年)

主要服务是心理咨询(心理治疗与心理测量)和企业培训与咨询。市场策略为以大量宣传手段提高人们对心理咨询服务的认识,消除人们对心理咨询的顾虑,逐步增加在需要心理咨询的人群中的市场份额;用营销手段开发企业培训与咨询市场,发挥先进入市场的优势并巩固市场;逐步完善网络建设;建立自己的品牌,积累无形资产;收回初期固定投资,并准备拓展咨询服务项目,开始准备拓展和开发衍生服务。市场占有率为心理咨询市场的 4%～8%。

6.1.2 中期(2～3 年)

增加大众心理课堂项目,打开并初步占领心理咨询的高端市场,进一步提高人们对心理卫生和健康的认识,继续提升品牌形象,增加无形资产,成立会员俱乐部,方便会员交流。进一步完善和健全服务网络,重点推广相关咨询服务,进一步拓展服务范围,实行多元化咨询服务战略。市场占有率达到12%～17%,居于主导地位。

6.1.3 长期(3～5年)

纵向延伸:立足心理咨询服务领域,进一步完善心理咨询服务;开展心理咨询师资格认证培训;成立健康心理活动俱乐部(组织一些活动或项目,提高人们的心理健康水平,也为一些心理学爱好者提供活动和交流的平台。组织一些公益性的活动,使之成为一种时尚健康且具有公益性的俱乐部)。

横向延伸:出版和销售与心理咨询相关的书籍和杂志;建立"心灵殿堂"轻音乐咖啡吧;为女士提供心理美容业务。

6.2 营销计划

6.2.1 促销策略

初期(1年)

(1) 在书店内进行宣传,同时赠送精美的书签。

(2) 报纸及杂志宣传,主要是发表由心理咨询专家撰写的一些与心理咨询相关的文章。

(3) 在部分公交车(如教育专线)上做宣传广告。

(4) 与高校心理协会联系,共同举办"健康心理文化周"。

(5) 开业1周内开展自愿付费活动,但是学生咨询价格不低于30元/50分钟,其他咨询者不低于50元/50分钟。同时开通免费电话咨询服务。

(6) 业务人员开发企业咨询与培训市场。

中期(2～3年)

(1) 大力发展网站宣传为主。

(2) 在高档住宅区进行宣传(如电梯广告),在高尔夫球场设置营销小组。

(3) 继续保持与高校的合作关系,为高校学生提供就业指导。

(4) 在高中学校开展业务,为高三学生提供选专业的心理测量,价格有优惠。

长期(3～5年)

(1) 网络营销为主,同时开展社区宣传。

(2) 其他方式的公益宣传及公益活动。

(3) 争取得到一些企业的赞助,共同开展一些公益性的服务和宣传。

6.2.2 广告创意

针对主要目标人群采取不同的广告宣传策略,以提高品牌知名度和宣传本公司心理咨询服务为主要目标。

学生

广告主题:心理健康是指向成功彼岸的灯塔。

广告创意:黑夜中,一只小船在波涛汹涌的大海里遇到了风暴。(POP广告)

白领

广告主题:时尚优质的生活还缺少什么?(引导性广告)

广告创意:为了物质我们到底付出了多少?让"一个馒头的血案"不再发生。

金领

广告主题:帮助您设计更完美、优雅与高尚的心理殿堂。

广告创意:私人住宅、私人会所、私人游泳池,还有什么值得我们私有化?回答:还有您的私人心理顾问。

6.2.3 服务创新

咨询活动不是局限的,因为心理咨询必须要咨询人自己改善心理状态,所以公司的咨询活动也不是仅局限在咨询室内,为顾客提供参与一些特殊社会活动的机会,这有利于他们提高和改善自身的心理状态。这同时也是营销中的宣传手段。

6.2.4 合作伙伴

(1) 与怀化学院心理咨询中心建立合作伙伴关系,共同研究和开发心理学应用技术。

(2) 与部分企业建立合作伙伴关系,共同致力于公益事业。这对于双方都起到了宣传作用,而且为社会的发展作出了贡献。

6.4 定价策略

咨询时间段:工作日:9:00～17:00
　　　　　　　　18:00～20:30

双休日:8:00~18:00

咨询师(三级):70元/50分钟

85元/50分钟

85元/50分钟

咨询师(二级):100元/50分钟

120元/50分钟

120元/50分钟

高级咨询师:180元/50分钟

220元/50分钟

7 机遇与风险

7.1 机遇

(1) 心理咨询在中国属于新兴行业,市场处于有待进一步开发的阶段。

(2) 近几年,自杀人数逐年增加,而且每年有200万自杀未遂者。社会竞争激烈,很多人处于心理亚健康状态。

(3) 国家提出创建和谐社会,加强人民精神文明建设。

(4) 在全球化的今天,西方高质量的生活理念逐步被越来越多的人们所接受和采纳。

(5) 怀化心理咨询市场没有知名的品牌。

7.2 外部风险

(1) 依赖于咨询师的专业技能及素质。

(2) 取决人们对心理咨询观念的接受程度。

(3) 公司人才的管理和培训。

(4) 企业培训市场购买决策过程复杂,对服务和营销技巧要求比较高。

(5) 潜在竞争者的加入。

(6) 互补品及替代品的威胁。

(7) 银行借款风险。

7.3 内部风险

(1) 协调各服务项目之间的关系,使资源得到合理的配置和利用。

(2) 竞争对手的策略改变,应对策略上的不确定性。

(3) 价格在一定程度上影响进入低收入水平咨询服务市场的营销策略。

(4) 部分顾客对服务的评价是否客观。

7.4 解决方案

(1) 熟悉该行业的法律法规及国家宏观政策。

(2) 用营销手段提高企业知名度和美誉度。

(3) 加大人才的培养力度,建立以员工为本的管理文化。

(4) 多元化经营,化解对单一服务的依赖性风险。

(5) 建立及时有效的信息反馈渠道,随时了解市场动态。

8 小额贷款

大学生创业项目申请无偿资助的,由相关部门审批,每个项目一般在20万元以内,且不超过企业自有资金的投入额度。首期拨付审批总额的60%,其余部分在首期资助资金通过考核审计后即予拨付。对申请财政贷款贴息的,经审核,贴息期限一般不超过2年,年贴息总额度最多可达10万元。

对大学生自主创办的新兴项目,根据企业规模可给予最高为200万元的小额担保贷款扶持。贷款期限最长为2年,由同级财政部门按贷款基准利率的50%给予贴息。

鼓励大学生以创业项目为平台积极争取国家和省级专项资金支持,争取社会风险投资和银信机构融资,市创业扶持奖励资金在所争取资金或融资总额的10%以内给予支持(单个项目最高可达10万元),帮助创业主体降低融资风险。

附　　录

附表一:利润和利润分配表(略)
附表二:市场规模和销售预测(略)
附表三:直接人工预算表(略)
附表四:现金筹措预算表(略)
附表五:期间费用预算(略)
附表六:心理咨询市场调查表(略)

品牌推广类策划书

"瘦身男女"品牌整合方案

一、经营环境分析

（一）市场背景

近年来，中国美体市场狼烟四起，激烈异常，除了美容行业以外，包括药品、保健品、服装内衣、仪器制造等在内的其他行业也纷纷打出"美体"牌，各类别市场领先者已基本形成。其中以"曲美"、"大印象"为代表的药品、保健品类减肥品牌诉求以减重为主；以"婷美"为代表的内衣品牌，其诉求重点以调整身体曲线为主；其他更多的新品牌正参与其中，还有一部分拥有资金的企业与个人也在虎视眈眈地紧盯着这块"肥肉"伺机而动。

在市场销量居前列的产品中，药品与保健品类以其声势浩大的广告投入与密如蛛网的药房或百货专柜销售而独占鳌头。虽然其他如调整型内衣、电视购物产品等亦甚嚣尘上，但是我们也可以看到其存在的共同劣势：一是无法根据肥胖者的类型进行针对性的分类治疗；二是缺乏量身定做的售后服务，顾客买了产品，有无效果无从追究。

与美体互为渊源的美容行业，虽然不甘落后，闹得沸沸扬扬，但到目前为止，尚未出现市场领先者，大多品牌只能看作是美容护肤类的一种补充形式，其所占份额从整个美体市场来看更是微乎其微。

(二) 市场潜量估计

据我国卫生部门保守估计,中国目前至少有7 000万人受到因肥胖而引起的高血压、糖尿病、冠心病等疾病的困扰,2.4亿人存在着不同程度的肥胖症状,加上数以亿计的体型不匀者,美体市场的潜在消费人数估计可达5亿之巨!每年仅在减肥保健品支出方面,消费金额就达60～100亿元人民币,而且每年还在以20%的比例递增。如果再加上减肥仪器、功能性化妆品、健康食品以及塑身调整型内衣,整个美体市场的消费可达900亿元人民币。

(三) 竞争状况分析

目前美体市场上以四大类产品为主,分别是药品和保健品、美容化妆品、调整型内衣、丰胸美体仪器。它们通过不同的销售渠道进入市场:药品与保健品全部在药房或百货专柜销售;调整型内衣以百货专柜或专卖店销售为主,部分品牌通过美容专业线等途径销售;丰胸美体仪器以专业线为主,部分小型仪器则通过电视购物的途径销售;外搽型化妆品既在日化线百货专柜,又在电视购物及美容专业线销售。

其他类别如健康食品、精油SPA等,打的是一种减肥美体的擦边球,目前尚无法成为美体市场主流,只能作为美体领域中的补充部分。

(四) 消费者状况

我国人民收入随着国内经济持续增长而不断增长,在物质丰富的同时,对于美的精神追求亦提升到了一个前所未有的高度。特别是进入21世纪之后,东西方文化与意识形态进一步交汇融合,使经济进入了"后消费主义时代"。根据对肥胖人群的消费心理分析,可以得出几个共同点:

(1) 有"没病不吃药,是药三分毒"观念的大有人在。

(2) 所有患者希望能够有一套量身订做的减肥方法。

(3) 绝大多数消费者更愿意按照内服外调的方式减肥,以达到标本兼治。

（五）企业状况

广州天龙美健美容品公司隶属香港天龙国际美容机构，成立于上个世纪80年代，迄今已有16年历史。多年来致力于美容美健用品的研发、生产与销售，在全国30个省、600个城市建立了代理分销网络。其独家推出的"天龙梭绣"技术，现已蜚声国内美容市场。

二、市场机会点分析

（一）市场机遇

（1）依据心理需要的层次分析，美体高于美容。另外从国外美容业发展趋势来看，往往是在美容发展到一定阶段，才开始出现美体需求；反过来，美体的开展又必然能引导其他美容项目的需求。因此，未来数年将是美体快速发展的黄金时期。

（2）虽然整个美体市场狼烟四起，却是各自为战，并没有出现一个综合性的强势品牌。

（3）本该成为市场主力的美容业，却未能对自身资源加以很好地整合利用，缺少系统化、科学化的理论指导和营销手段。

（4）消费者渴望有一套标准化、系统化、专业化的减肥方法。

（二）"瘦身男女"品牌知名度

（1）"瘦身男女"品牌与生俱来便具有知名品牌的禀性，香港著名影星刘德华、郑秀文在电影《瘦身男女》中演绎了一场减肥的震撼，品牌概念早已深入人心。

（2）天龙公司经营16年之久的影响力，以及今日业内领头羊的地位，本身具有无可比拟的品牌优势。

（3）超过千万巨额资金的投入，为最终确立与稳固终端品牌形象给予了雄厚的经济保障。

(三) 品牌机会点

(1) 目前整个美体市场各个类别品牌各自为战,未出现综合性美体品牌,此时切入正当其时。

(2) 品牌各类产品为六大系列黄金组合,质量过硬,效果显著。

(3) 全面的 CIS 体系导入,以及独特的情感文化理念、行销手段与售后服务,势必在混乱的美体市场中异军突起。

(4) 原有客户网络基础雄厚。新品牌不需利用原有网络,但过去的市场销售业绩显示了天龙的价值,可促进新品牌的推广销售。

三、战略规划

(一) 品牌功能定位

瘦身减肥,丰胸美体。

(二) 人群定位

(1) 四有女性:有点缺陷、有点钱、有点文化、有点美容观念的女性;年龄20～45岁,月收入1 000元以上。

(2) 特定群体:患肥胖症及超重人群,年龄不限,收入不限。

(三) 品牌组合

从品牌整合到传播理念,"瘦身男女"美健俱乐部赋予六大类产品鲜明的个性:仪器重科技、食品讲人性、护肤强品位、膜粉求能量、精油论时尚、内衣品风骨。

（四）价格定位

任何一个品牌的市场价格，无疑由目标市场消费需求及购买力决定。据国家卫生部统计表明，中国目前有7 000万肥胖患者，2.4亿超重人群，另有数以亿计的体型不匀者。可见，市场消费容量相当巨大。市场购买力如何呢？先从以下的消费心理和目标人群两个决定性因素来分析。

1. 消费心理分析

(1) 生活水准的主流决定了消费者的心理习惯。

(2) 消费者对品牌的认知成为影响消费的重要因素。

(3) 广告导向与有针对性的SP(Sales Promotion，销售促进)推广仍然强有力地影响着消费者的购买欲望。

(4) 追求新、奇、特、效是消费者消费心理特征的共性体现。

(5) 受西方文化影响，接受新潮成为一种积极的主流观念。

(6) "崇洋媚外"是部分国人消费心理的固有特征。

(7) 所使用产品的疗效性、知名度以及方便程度也影响着消费者心理。

(8) 女性的消费冲动容易受感性驱使，一掷千金的举动毫不奇怪。

2. 目标人群分析

(1) 收入随着国内经济持续增长而不断增长，在物质丰富的同时，对于美的精神追求亦提升到了一个前所未有的高度。

(2) 消费结构成金字塔形分布，中间20~35岁年龄段人群已经成为市场消费的生力军。20~35岁，白领以上阶层的中高收入人群，从社会学的角度划分来看，整体素质较高，消费能力较强，有一定的品位，追求完美，拒绝平庸，对于身体各个部位的变化尤其敏感。

(3) 35~45岁年龄段人群经济基础最强，对于红颜渐逝、中年发福都患有不同程度的恐慌症，一旦引发了他们的消费需求，结果不容小觑。

(4) 大多数特定人群(例如皮肤、体型有缺陷者)，因精神或身体方面长期受到不同程度的困扰，愿意付出金钱消费。

(5) 日本、韩国美女剧的影响以及各类时尚媒体不遗余力的渲染，极大程度地引导、诱惑着女性的消费欲望。

(6) 80%以上的女性对自己的身材表示不满意。

3. "瘦身男女"系列产品市场价格定位

首先从家庭收入来看,25～35岁年龄段人群属于中高收入阶层。这部分人有较高的消费品位和消费意识,容易受感性驱使,只要给他一个合适的理由,他就能慷慨解囊,从而产生消费满足感。

其次从年龄划分来看,35～45岁年龄段人群消费能力最强,也是最庞大的潜在消费群。他们大多事业有成,但是由于岁月流逝以及家庭或工作的压力,他们的容颜也随之褪去,甚至出现脂肪堆积、身材变形等情况,因此患有不同程度的恐慌症。只要我们对其加以正确引导,就可以极大地刺激他们的消费欲望。

最后,从特定人群来看,主要指肥胖症患者及超重人群,他们存在于各个年龄阶段。这部分人群无疑是美体市场的主流,也是各大美体品牌争夺的对象。在产品选择上,他们更注重产品的疗效性和方便性。

我们可以得出这样一个结论,人类已经进入"后消费主义时代",影响消费者消费购买欲望的因素固然有很多,但价格已非决定性因素,代之的是品牌的影响力与消费情感的正确引导。

"瘦身男女"美健俱乐部与生俱来便具有知名品牌的禀性。香港著名影星刘德华、郑秀文在《瘦身男女》里演绎了一场减肥的震撼,同时又一次引爆了东南亚地区的瘦身美体狂潮。在此基础上,"瘦身男女"美健俱乐部再次耗资千万打造品牌形象,高呼"健康享'瘦'新主张"的口号,在消费心理上及情感上加以引导并最终释放。因此,在保证产品品质的基础上,我们将"瘦身男女"系列产品价格定位于中高档。一方面为了使之与品牌形象相匹配;另一方面也更符合"一分钱一分货"的传统价值观念;再一方面,高价格产品势必产生高利润,亦符合各个销售通路中商家利润最大化原则。

4. "瘦身男女"产生的高附加值

从某种意义来讲,不能产生高附加值的品牌不能称之为品牌。"瘦身男女"美健俱乐部耗资千万巨资,走全国深度连锁扩张之路,势必将产生深远的影响,使整个体系成员在获得巨大经济效益的同时,精神上的回报也将全面丰收。

(1) 全国连锁,资源共享。"瘦身男女"美健俱乐部的整体运作方式是以全国深度连锁形式进行,从品牌的视觉系统到行为理念系统都达到高度统一,体现出品牌形象的与众不同。加之全方位的立体式广告轰炸,全国性的公关活动突围,更可使品牌形象深入人心,同时使得俱乐部成员知名度大为提高。

(2)"大树底下好乘凉"。2001年度美国哈佛商学院的统计结果表明,"二八"定律同样体现在连锁模式上,即个体独立经营的美容院成功率只有20%,而加入连锁行列成功率则高达80%。"瘦身男女"美健俱乐部从品牌前期的宣传推广到深度的营销策略和完善的客户服务,都为体系中所有成员规划了科学、系统的经营方案,美容院可以借力使力,轻轻松松,无须再像以前一样单打独斗。

(3)消费者更有安全感。由于近年来美容美体行业的不规范运作,以及媒体对于某些美容事故的报道,导致了消费者对美容院的信任危机。因此美容院惟有重塑行业形象,改变以往的经营策略,才有可能赢得消费者的信任。"瘦身男女"美健俱乐部凭借全国连锁的影响力,建立在一种五星情感营销的基础上,整合了美容院的一切可用资源,在消费者中倡导"健康减肥"的理念,比起个体美容院,无疑大大增加了消费者心理安全系数。

(五)市场培育策略

由于国内经济发展的不平衡性,各个地区的美容院之间有很大的差别,加之位置不同、员工素质不同、人口密集度不同、消费能力不同,很难靠一种模式包治百病。需要的应该是"个性化服务",有针对性地对美容院来进行指导和培训。

天龙公司成立16年来,一直以教育为本,不仅储备了大量业界权威的教育培训专才,更成功地在十余年教育基础上取得创新突破,总结出为美容院量身订做的"核裂变"人才培育计划,成为美容院行销的尖端武器。

1."核裂变"人才培育计划产生的魔力

每一位消费者能在俱乐部中切实感受到产品的优良效果和美容师的温馨服务,对产品和服务获得肯定,进而在"核裂变"计划的独特体制引导下,对美容事业产生浓厚兴趣,然后加入我们的事业机构成为其中的一分子,并依照我们完整的教育培训方式,将美容、事业、财富的梦想融为一体。

不论美容院的经营是在初创时期还是已有多年发展,"核裂变"计划能为之实现共同目标,即获取源源不断的高营业额,进而获得高利润。

"核裂变"人才培育计划就目前美容院普遍存在的几大无法突破的"瓶颈"问

题,给出了行之有效的解决办法。

2. 产品的销售力度问题

传统的美容院销售产品主要依靠美容师的推荐或开展促销活动,但由于消费者的日趋理性,实际情况不容乐观。

实施"核裂变"计划的美容院,开展两个月后,仅产品销售一项,将在原有基础上增加5倍以上,而且将以100%的倍率按月递增。

3. 客源的流失开发问题

由于大多数顾客的求新求异心理以及竞争对手的无孔不入,老顾客很容易流失,而开发一个新顾客要花几倍于老顾客的代价。而且传统的美容院经营一般采取守株待兔的方式,在顾客开发方面总是处于被动状态。

实施"核裂变"计划的美容院,客源将得到持续增长。经"核裂变"计划培育出来的美容师、助手、学员、客户等,都能长期为美容院制造源源不断的客源。

4. 美容师的薪酬问题

经验和技术等较好的美容师往往容易跳槽或者自立门户,势必带走一批客户,成为新的竞争对手,同时也使美容院一时青黄不接。因此高素质的美容师必须给予高薪酬的待遇,这就势必增加美容院的财务负荷。

实施"核裂变"计划的美容院,不但不必担心美容师自立门户,反而还将对其给予鼓励与支持,科学的奖金分配体系能达到经营者、美容师或学员、顾客"三赢"的局面。

5. 管理问题

许多美容院经营者既要亲自为顾客服务,又要处理店内人事、员工教育、产品销售等问题,很难从纷繁复杂的琐事中脱离出来成为一位真正的经营者。

实施"核裂变"计划的美容院,能因该计划完整的教育体系,不断产生得力的助手和要求接受培训的学员,从而稳定店内的人事和管理,使老板成为真正意义上的经营管理者。

6. "核裂变"人才培育计划执行内容(略)

四、"瘦身男女"文化传播策略

(一) 品牌载体传播

"瘦身男女"品牌载体传播体系,由企业 CIS、内部刊物、企业网站、外部媒介等要素构成,各种类型的载体将品牌形象、概念、内涵等信息传达给社会公众。

(二) "瘦身男女"CIS 之 VI(Visual Identity,企业视觉识别)系统载体

VI 系统是企业形象的静态表现,也是最具体化、视觉化的传达形式。"瘦身男女"的 VI 系统包括基础部分与应用部分。这两个部分相辅相成,达到规范化、风格化的高度统一,让公众一目了然地领略品牌独特的个性与文化内涵。

其各类应用要素,大到店内外装修风格,小到一张便笺、名片,无不和谐统一。

(三) "瘦身男女"CIS 之 MI(Mind Identity,企业理念识别)系统载体

MI 系统是 CIS 的灵魂,是整个品牌识别系统运作的原动力,反映了本企业的基本精神。

企业精神:让世界充满爱。

企业宗旨:为每一位顾客找回自信。

企业理念:敬业打造效率,专业打造品质。

经营主旨:给消费者满意,给合作者丰利,给企业生机。

(四) "瘦身男女"CIS 之 BI(Behavior Identity,企业行为识别)系统载体

(1) 员工行为规范(内部)。礼仪、素质、技术、培训等规范。

(2) 公关活动规范(外部)。招商演示、主题活动、宣传促销等规范。

(3)《美丽传人》期刊载体。双月刊《美丽传人》是品牌文化反映的载体之一,作为"瘦身男女"美健俱乐部对外宣传的"代言人",将永远立足于时尚最前沿,以

丰富多彩、图文并茂的表现手段,正确引导公众消费需求,全面展示连锁体系中各成员的发展动态以及相互之间的经验交流。

(4)"瘦身男女"网站载体。人类进入网络化交流时代,"瘦身男女"因时而动,迅速建立自己的网站,利用国际化经营优势,在第一时间发布国内外最新流行资讯,全方位宣传品牌文化。

(五) 国内媒介广告组合

依据品牌生命周期以及循序渐进的原则,在品牌发展的不同时期制订不同的广告策略,形成四轮强大的广告冲击波:导入期与成长期以硬性广告为主,软文为辅;成熟期与巩固期以软文为主,硬性广告为辅。理性诉求与感性诉求相结合,力求广告表现形式多元化。

第一波:品牌导入期

时间:2003.1~2003.5。

此阶段以品牌上市前的宣传造势为主,形成"神龙见首不见尾"的神秘感。专业性杂志上刊登硬性广告,内容以悬念式表现形式出现,题材为市场研讨系列。广告诉求对象为代理商及美容院,兼顾终端特定消费群体。

1. 媒体选择

以行业性杂志为主,例如《健康与美容》、《医学美容》、《美容时尚报》等。

2. 广告内容

(1)市场研讨系列(每篇2 000~3 000字)

文案一:"瘦身男女"重磅出击,美体市场900亿面临重新洗牌?

内容:美体市场产品种类与分布、销售通路以及现状分析,切入"瘦身男女"品牌概念。

投放媒体:《健康与美容》。

文案二:"瘦身男女"上市完全攻略。

内容:"瘦身男女"品牌出笼目的、有利环境以及营销策略等。

投放媒体:《医学美学》。

文案三:"天龙八部"重现,"瘦身男女"笑傲江湖。

内容:"瘦身男女"基本理念、品牌组合与定位、营销手段、技术服务等。

投放媒体:《健康与美容》。

(2) 平面广告系列(彩页)

内容为招商广告。

投放媒体:《医学美容》、《健康与美容》、《美容时尚报》同时投放。

第二波:品牌成长期

以行业杂志刊登硬性广告为主,大量科普教育类软文为辅,逐渐显示"瘦身男女"品牌真面目,配合品牌在各地推广上市。广告诉求对象为空白区域代理商及美容院,同时兼顾终端特定消费群体。

时间:2003.5~2003.9。

1. 媒体选择

全国性行业杂志为主,地方性晚报或都市报刊为辅,连续刊登。

2. 广告内容

(1) 科普教育系列(每篇约800字)

文案一:均衡瘦身新主张。

文案二:窈窕淑女,君子好逑。

文案三:尖峰时刻,我性张扬。

文案四:透过男人看女人。

文案五:如何让老公"性"趣盎然?

(2) 市场专访系列(每篇约2 000字)

文案一:十年磨一剑 记香港天龙美健公司总裁吴翠刚。

文案二:瘦身男女"情感五行营销"探秘。

文案三:让自由更自由,"瘦身男女"反抗"太平公主"。

3. 平面广告系列

广东国际美博会招商、加盟。

4. 天龙首届"瘦身男女杯"比肥挑战大比拼招募活动

在全国范围内招募"肥人",开展比肥挑战活动,代替以往的产品招商演示会形式,一反传统演示会的呆板与枯燥说教。入围选手享受本公司免费减肥服务,并有机会成为品牌形象代言人。

第三波:品牌成熟期

本阶段广告诉求对象主要针对具体的终端消费群体,在终端消费者中培养品牌知名度。为避免广告痕迹过于浓重,表现形式为风格各异、不同题材的广告软文,不露痕迹地将品牌主题表现出来。内容表达以感性诉求为主。

时间:2003.9~2003.12。

1. 媒体选择

(1) 行业杂志《健康与美容》、《医学美容》。

(2) 时尚类杂志《知音》、《女友》、《时尚》、《希望》。

2. 广告内容

(1) 科普教育系列(每篇500~800字)

文案一:让自由更自由。

文案二:具危险性的瘦身心理。

文案三:由肥胖引发的社会问题。

(2) 情感故事系列(每篇3 000~20 000字)

以小说形式表现,将品牌巧妙融合于故事叙述之中,让公众在不知不觉中形成品牌概念。

都市篇:美容师手记。

言情篇:爱过,就不要说抱歉。

诙谐篇:瘦身爱情。

科幻篇:我的女友赵飞燕。

另类篇:青蛇。

3. 故事征文活动

与某时尚类杂志联合举办"天龙杯"瘦身男女故事征文。

第四波:品牌巩固期

此阶段品牌概念基本上深入人心,为防止竞争者切入市场,在前阶段广告计划得以持续的基础上,进行电视剧本创作,以宣扬天龙企业文化,进一步维护及巩固各级市场,并使消费群体扩大化。

时间:2004.1开始。

1. 媒体选择

如行业杂志、时尚类杂志、地方电视台。

2. 广告内容

(1) 故事征文活动(续上篇)。

(2) 电视剧本(10集连续剧)《龙行天下》:以天龙公司为原型,推出中国第一部反映美容行业题材的电视剧,表现天龙人在激烈市场竞争中逐步成长壮大的过程。

(六)"瘦身男女"四季歌促销实操方案之一

活动主题:春之恋。

活动时间:3月1日～5月31日。

活动目的:利用春天气候回暖的有利时机,开发新的消费群体及稳固老顾客。

活动口号:春光乍泄真女人,"瘦身男女"——挡不住的诱惑。

活动地点:各终端俱乐部。

活动步骤:

1. 代理商准备

(1) 代理商提前两个星期将本活动内容通知落实到所辖区域俱乐部,并将参加活动的俱乐部名单上报总部。

(2) 代理商根据所辖俱乐部店面尺寸,将活动口号印制成横幅一条,于3月1日前悬挂到位。

(3) 总部将根据参加活动俱乐部名单提供相应的活动宣传单,请代理商在2月24日前与促销产品一齐配发给俱乐部。

(4) 宣传单内容

春光乍泄真女人,"瘦身男女"——挡不住的诱惑

脱下冬天臃肿厚重的躯壳,换上轻便多彩的春装,步履轻盈地走在大街上,沐浴着和煦的阳光,您是不是有一种想放飞心情的感觉?

岁月无情地流逝,现代生活的节奏、城市钢筋水泥的压抑,无时无刻不在沉重着我们的呼吸、侵袭着我们的容颜、摧毁着我们的形体。蓦然回首,韶华已逝……

伴着春暖花开的气息,"瘦身男女"美健俱乐部为您提供释放心灵的空间,重塑您美丽婀娜的丰姿,感受他深情脉脉的凝视,做一个春天里的真女人,开放花一样的娇艳,不经意间,与对面走过的每一个男人擦肩而过的刹那,展现您婀娜的风采,留下您谜样的背影。

医学专家免费生理咨询。
美体专家免费皮肤测试。
免费感受美体护理一次。
办理全年俱乐部VIP卡。
消费八八折加送《瘦身男女美体宝典》。

"瘦身男女"美健俱乐部
咨询热线(略)
地址(略)

2. 俱乐部准备

(1) 广告宣传准备。悬挂好横幅或条幅；有条件的设置印有"瘦身男女"字样的充气拱门或空中舞星；店外准备一块立牌，具体内容为以上活动优惠措施。与当地健身机构或场所联系，取得所有顾客姓名、电话、地址等资料，然后设法将宣传单送到她们手上，稍后再电话跟进。在高档小区、大型百货公司、写字楼有针对性地派发宣传单。

(2) 活动实施准备。完成俱乐部所有人员培训工作，包括产品、价目、仪器操作、礼仪、人员安排等内容。准备好活动所需仪器、产品、促销品、顾客档案表、VIP卡等必备物品。

3. 活动实施

(1) 代理商与美容院之间按活动要求进行协调，互相配合落实到位。

(2) 对每一位来店顾客做好追踪回访工作。

(3) 按照先前人员的分工，邀约、接待、咨询、测试、办卡、操作、追踪等各个环节做到各施其责。

五、活动经费(略)

CI 导入类策划书

闽江工程局(公司)导入 CI 系统策划案

一、闽江局概况分析

(一) 闽江局是具有 40 年历史的国家一级企业

闽江工程局(以下简称闽江局)始建于 1957 年 7 月,原属国家能源部,现隶属中国水利水电总公司,是具有独立法人资格的国有工程施工总承包一级企业。

(二) 闽江局历史上已创造了辉煌业绩

40 年来,闽江局坚持"科学管理、规范施工、全面履约、质量一流"的方针,建成了一大批国家重点工程和援外重点工程,包括:
(1) 大中型水电站,如沙溪口水电站、水口水电站等。
(2) 国际机场,如厦门国际机场、福州机场等。
(3) 高速公路,如杭甬高速公路等。
(4) 援外项目,如赤道几内亚毕科莫水电站工程等。
闽江局承建的上述工程管理严、质量好,赢得了中外业主的好评。

（三）闽江局拥有较强的生产能力

1. 闽江工程局技术队伍力量较强

全局在册职工5 000多人，其中各类专业技术人员1 552人，为职工总数的30%，具有高级职称的技术人员202人，教授级高级工程师16人，已获得建设部颁发的培训合格证书的项目经理234名。

2. 闽江局拥有较先进的设备

全局拥有先进的大中型机械设备3 605套（台），原值1.6亿元，总功率5.59万千瓦，动力准备率为11.1千瓦/人，技术准备率为13 202元/人。在这些机械设备中，从日本与西方国家进口的先进设备约占70%。

3. 闽江局具备较强的施工实力

闽江局具备的年生产能力分别为：土石方挖填300万立方米；混凝土浇筑120万立方米；金属结构制作3 000吨；金属结构安装5 000吨。

4. 闽江局拥有先进的科学技术，在实践中取得了一批科技成果

闽江局一贯重视引进国外新设备、新技术，同时注重培养人才，鼓励创新。40年来，取得了碾压混凝土筑坝技术、岩基控制爆破技术、钢筋气压焊技术、真空负压溜槽技术等十多项科技成果。

（四）闽江局造就了内涵丰厚的企业文化

闽江局在40年的发展历程中尽管有过曲折，但始终坚持铸造企业精神，形成企业文化。闽江局以"艰苦奋斗、竞争创新"，"团结友爱、脚踏实地"为其企业精神，形成了"不畏艰险、严谨务实、奋勇争先"的企业风格。

（五）闽江局新一届领导班子富有创新意识

闽江局1993年底更新的新班子成员年富力强，接受新事物敏锐，具有开拓创新意识。

（1）率先在水利水电行业实行ISO 9000质量体系认证。

（2）率先跨出水利建筑的局限，实行同心多角色经营，承揽国际机场、高速公路等工程。

（3）率先冲破疆域国界的限制，对外承揽水电工程。

（4）率先树立市场营销观念，重视企业文化建设，导入CI，增强企业在新的历史条件下的竞争实力。

二、闽江局导入CI系统的背景与程序

（一）闽江局导入CI系统的缘由

1997年是闽江局创建40周年庆典。在庆祝闽江局40周年之际，闽江局领导和广大职工清醒地意识到，闽江局40年虽然取得了巨大成就，但也遇到过不小的挫折，放眼时代风云，深感市场竞争已从产品竞争、促销手段竞争，进入到企业形象竞争的境界。总结过去的经验教训，导入CIS，重塑企业全新形象既是形势所迫，又是闽江局更上一层楼之所需。

1. 宏观经济形势的促动

处于由计划经济转向市场经济的经济转型期，且作为较晚步入市场的水利水电行业中的一员，闽江局同样面临着从计划经济接受分配任务到转向市场找活干、找饭吃的形势。闽江局要取得先机、赢得市场，必须按市场经济的要求重塑企业形象以适应现代市场竞争的需要。

2. 赢得公众信赖的需要

闽江局在发展过程中曾一度受挫，1990年初，由于部分干部的错误，使得闽江局的声誉受损。为了恢复闽江局的名声，提高信任度和美誉度，也必须导入CIS，重塑形象。

3. 开拓新兴业务的需要

闽江局在公众中的形象局限于"闽江"、"水电"。为了实施"立足八闽、面向全国、开拓国际市场"及"一业为主、多角经营"的战略思路，也必须导入CIS，重塑企业形象。

为此，武汉工业大学壮威营销策划所及中南财经大学、湖北社会科学院联合

组成的企业CI系统导入策划组,承担了闽江局CI系统导入的工作,并由蔡启光副局长代表闽江局与联合策划组签订了导入CI系统的协议。

(二) 闽江局导入CI系统的进度

1. 调研造势

1998年11月,由叶万春教授、万后芬教授及硕士研究生容庆、伍朝晖组成的策划组赴闽江局开展了宣传和调研工作。

(1) 组织联合工作组。由闽江局蔡启光副局长、陆建平主任,联合策划组叶万春教授任组长,组成了闽江局导入CI系统联合工作组,负责闽江局CI战略的策划和实施的组织工作。

(2) 准备工作。联合策划组从1997年12月至1998年8月对闽江局的有关历史材料进行熟悉、研究和分析。这些材料包括:闽江局大事记、闽江局领导讲话稿、闽江局工程简介、闽江报等。

(3) 利用媒体宣传。闽江报专为闽江局导入CI系统组织了稿件进行宣传。

(4) 举办CI知识讲座。局领导组织了中层干部CI知识研讨班,由武汉工业大学叶万春教授进行了企业文化与CI战略的专题讲座,讲授CI知识,宣传导入CI系统的重要意义。

(5) 组织老中青三代"闽江人"座谈会。通过座谈会全面了解、认识、回顾和展望闽江局的过去、现在和未来,进一步宣传导入CI系统的重大意义,以提高认识,统一思想。

(6) 实地考察。对闽江局所属的福州分局和厦门分局进行实地考察,以进一步深入了解闽江局的历史和现状。

(7) 进行问卷调查。策划组共发放问卷137份,收回132份,问卷回收率为96.35%。通过问卷,进一步对领导干部和职工进行导入CI系统的深入宣传。

(8) 研究分析。问卷收回后,联合工作组多次对材料进行分析研究。

2. 策划

武汉赴闽的联合策划组与闽江局导入CI系统工作组多次在榕、汉两地就CI策划中的下述关键问题进行了磋商和策划:

(1) 企业定位与市场定位。

(2) 企业标志、标准色、企业吉祥物。

(3) 企业精神、经营宗旨、发展战略、企业文化。

(4) 企业对外的公关行为的举措。

(5) 企业对内的管理制度和方案等。

3. 设计

武汉赴闽联合策划组根据问卷结果和闽江局实际，按照CI策划的原则及闽江人的意愿，特聘请武汉工业大学设计研究院的专职设计师魏欣、李万军对闽江局的视觉形象系统进行设计。

4. 贯彻

武汉赴闽联合策划组将策划结果编制成"闽江局CI系统策划文案"和"CIS手册"，交由闽江局。通过举办各层次的培训班在全体职工中贯彻实施，使CI系统转化为全体闽江人的行为规范。

5. 配合宣传

导入CI系统过程中，拟对媒体发布信息，扩大宣传和影响力度。

三、闽江局导入CI的目标及实现条件分析

目标：拂去历史的尘垢，再创明日的辉煌；用全新的面貌立于水电建筑市场；以人为本，形成高度的凝聚力和向心力；凭高新科技武装职工，建设一支能打硬仗、打巧仗、打苦仗的迎接知识经济时代的现代化的施工队伍。

(一) 实现CI目标的宏观有利条件和机会

(1) 我国拥有世界上最大的水电工程市场，闽江局有很大的发展空间。我国拥有极为丰富的水能资源，仅西南地区的金沙江、雅砻江和大渡河三条河流，就拥有可开发的水电资源6000万千瓦，相当于三个多长江三峡水电站的装机总容量。但是，我国的水能资源开发目前还不到10%，因此，在今后的很长一段时间内，我国是世界上最大的水电工程市场。在这个大市场上，闽江局拥有很大的发展

空间。

（2）水力是清洁、高效的能源，水力发电的发展与全球可持续发展战略相适应。水力是清洁、高效的能源，相对于火力发电具有不污染环境、不浪费其他资源的优点。水力资源可以持续、反复地利用。我国在电力开发中发展水力发电是首要选择，这对于促进经济发展和社会保障具有双重意义。在这个发展中，闽江局是可以大有作为的。

（3）国家政策的调整有利于激活建筑市场，为闽江局的发展扩大了领域。从1998年起，国家一改适度从紧的财政、货币政策，推行扩张性宏观经济政策，采取了在1997~1998年两年内六次降息和增发1 000亿元国债用于发展基础设施建设的举措，为激活国内建筑市场创造了条件，也为闽江局带来了机遇。

（4）建筑市场的多方面启动为闽江局实行"一业为主、多角经营"提供了条件。

① 农林水利建设市场。1998年的严重洪灾，警示人们要大力治理大江大河，要重视对水库的加固工程、灌区配套工程、水土保持工程、流域治理工程等农林水利基础设施的建设。这为闽江局提供了施展身手的广阔天地。

② 公路交通基础设施建设市场。尽管公路交通基础设施建设投资在全社会投资中的比重从1993年的24.3%提高到1997年的31.2%，但从总体上看，我国公路交通基础设施同社会发展、人民生活的需求仍有很大差距。全国国道主干线仅10万公里，高速公路不足5 000公里，全国平均每平方公里国土面积拥有公路仅0.12公里，沿海地区稍高，但也只有0.3公里，低于印度全国平均0.5公里的水平，更远远低于发达国家水平。公路交通基础设施有很大的发展空间。从1998年起以后三年，公路建设投资总额将达500亿元，全国重点工程"三纵两横"（同江至三亚、北京至珠海、重庆至北海和上海至成都、连云港至霍尔果斯）主干线及京沈、京沪两条干线中的未通路段将相继开工，这将吸引一大批建筑施工队伍，而减轻水利工程施工市场的竞争压力。闽江局既可放开手脚占领更多的水电施工市场，也可组织精兵强将，进军公路交通建设市场。

③ 居民住宅建设市场的全面启动（见表1）。

表1　1998年1～8月基本建设、房地产开发增长情况

月　份	1～2	1～3	1～4	1～5	1～6	1～7	1～8
基本建设(%)	12.2	11.3	11.7	12.2	12.9	15.0	17.7
房地产开发(%)	10.0	9.2	12.7	15.2	14.1	15.0	16.9

自1998年起由于发展国民经济的需要,扩大内需,增加对居民住宅建设市场的投入是当前建设的重点。1998年住宅建设投资比上年增长10%,以后年份将有相应增长,这无疑给建筑施工队伍营造了一个更为巨大的建筑市场。闽江局可根据形势发展的需要,组织部分劳力参与这类市场的开发。

(二) 实现CI目标的微观有利条件和优势

1. 闽江局具备了下述优势

(1) 地缘优势。闽江局扎根福建,市场覆盖闽江全流域,北上可揽沪、甬,西进可占珠江流域,有较广阔的市场空间。闽江局在闽发展的40多年中,深受八闽大地的欢迎,赢得了好的声誉。

(2) 科技优势。闽江局积极努力推进科技进步,建立了CAD(Computer Aided Design,计算机辅助设计)工作站,加大了信息网络发展的力度,同时在推广新技术、新工艺、新材料、新设备等方面做了许多工作。

(3) 观念优势。闽江局领导班子和广大职工依据变化了的形势更新观念,不断地用新思想、新观念推动企业进步。1997年率先在全行业开展了ISO 9002质量体系的认证工作。1998年又率先在全行业导入CI系统,普及CI知识,使全体员工认识到"企业文化就是力量",使企业更上一层楼,多了一个竞争的武器。

(4) 文化优势。闽江局极为重视企业文化建设,重视对领导干部和骨干队伍的培养和员工的深造,局级年轻领导均取得了硕士研究生学位,骨干队伍也给予不同的学历培养。闽江局企业文化建设搞得有声有色,企业的发展战略研究,精神文明新风的培育,企业内部的制度管理和人和效应的取得,都是闽江局致力于企业文化建设所取得的成果。

2. 闽江局的发展具有下述有利条件

(1) 闽江局有40多年的辉煌奋斗历史。至1997年,闽江局的社会形象得以

重塑并达到了自1993年以来的最好水平，各项工作进入良性循环的轨道，广大职工的凝聚力和自信心明显增强，承揽工程量增多，经营管理工作成绩显著，1998年全局共完成企业产值达4.2亿元。

(2) 闽江局党组织充分显示和发挥了政治优势。闽江局党组织始终坚持"抓深化、促转制，抓力度、促管理，抓落实、促进步"的党的工作任务，为全局工作的大局服务，推动物质文明和精神文明的发展。局党委制订的学习制度、思想工作条例、廉政建设的各项举措以及培训、教育、社会公德规范等一系列工作计划，为闽江局的发展起了保障作用。

(3) 闽江局长期形成的艰苦奋斗的精神和艰苦朴素的作风。40年来，闽江局职工足迹踏遍了大半个中国，一直在艰苦的环境中风餐露宿，形成了吃苦耐劳、打硬仗、打苦仗的良好精神。有这样的精神，就能克服一切困难，顽强地奋战不息。

(4) 闽江局有一支能征善战的干部队伍，带领广大职工闯市场、图发展。闽江局不仅有较强的在职干部队伍，还建立了69位局、处级后备干部队伍，并形成了规范的优秀人才奖励制度和优秀人才选拔激励机制，使优秀人才能脱颖而出。

(5) 闽江局制定了一系列的规章制度，为企业的健康发展提供了保证作用。如领导干部的学习和廉政制度、选拔人才的干部制度、双文明建设纲要、基层承包队伍的五五分成制度、财务管理的内审制度等。

(三) 实现CI目标的宏观不利条件与风险

1. 亚洲及世界金融危机影响了我国经济发展和国际贸易活动

这一现象对闽江局的影响主要表现为：

(1) 国内市场疲软，内需降低，闽江局所需要的广阔建筑市场因各地经济发展趋缓而受到一定的限制。

(2) 货币流通趋紧，闽江局施工所需资金周转困难，客户回款率低。

(3) 周边国家遭受金融危机的打击，闽江局组织劳务出口困难，延缓了进军国际市场战略的实施。

2. 跨行业经营使得竞争加剧

据不完全统计,仅水电开发施工行业共有施工企业77 875家,从业人数1 961.2万人。其中,全民所有制施工企业4 965家,从业人员681.2万人;城镇集体所有制施工企业9 551家,从业人员476.4万人;农村乡镇企业63 321家,从业人数803.6万人。

隶属于中国水利水电总公司的水电施工单位共有16个(包括14个工程局、葛洲坝集团和闽江局),这是构成行业竞争的主要市场力量。

除上述企业外,由于普遍实施跨行业经营,众多的土木建筑施工队伍也纷纷进入水电施工市场,形成复杂交错的竞争局面。

四、闽江局导入CI系统的策划方案

(一) 企业定位与市场定位

1. 企业定位

(1) 闽江局是从事水电开发建设的服务性环保企业。

闽江局以水电开发建设施工为主业,其主导产品是为建设水电站提供施工服务。闽江局在业务发展中应以市场为导向,以主业为核心,通过加大技术创新力度,提供优质甚至超值服务,来获得业主的信任,提高满意度,赢得市场。

闽江局所从事的水电开发事业又是一种绿色环保事业。相对于火力发电而言,水电建设是一种节约能源、减少污染、能使水力资源反复使用并维持可持续发展的事业。随着《21世纪议程》及可持续战略的实施,闽江局在公众中树立绿色环保企业的形象,将更有感召力,更能赢得公众信赖,赢得市场。

闽江局坚持"一业为主、多角经营"的发展战略。根据市场竞争态势及闽江人的意愿(见图1和表2),在重点发展主导产品的同时,跨行业、跨地域甚至跨国界地扩展建筑施工市场,从事机场、码头、高速公路、房屋建筑等多领域的建筑工程业务。在各个行业的建筑施工业务中,都必须坚持树立绿色环保意识,以体现闽江局的整体形象,从而赢得多方面发展机遇。

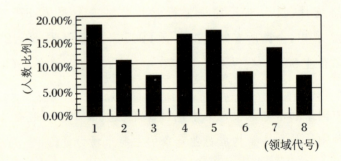

图1 公司业务发展领域调查统计

表2 企业业务发展领域调查统计表

领域代号	1	2	3	4	5	6	7	8
领域名称	道路建设	建筑	桥梁港口建设	水利水电	市政建设	机场建设	多种经营	其他
赞成发展此领域的人数比例(%)	18.3	10.6	7.7	16.3	17.3	8.6	13.5	7.7

(2) 闽江局在同行业中定位:市场挑战者。

闽江局就其实力而言是中国水利水电总公司所属的16个水电施工单位中位于中上等水平的企业。闽江局主要的竞争对手是水电十四局、水电十二局、水电八局、葛洲坝集团等。

由于地缘和实力关系,位于湖南省的水电八局是闽江局的主要竞争对手。根据问卷获悉,闽江局与对手竞争的竞争优势主要集中在技术质量、职工队伍素质、职业观念、机制灵活等方面。

以锐意进取、一往直前的市场挑战者形象立于公众面前,虚心向领先者学习,又区分于行业中的市场追随者和市场补缺者,这是闽江局的定位选择。

2. 服务市场定位

市场定位概述:立足福建,服务八闽;辐射全国,扩大市场份额;跨出国门,开发国际市场。

市场定位说明:

(1) "立足福建,服务八闽"是闽江局77.4%的同志的心愿。业务发展集中于福建与其地缘优势相吻合。除此之外还有以下理由:

① 省内市场较广阔。福建省在过去的30多年内中央投资少,经济发展缓慢。近十年来,随着海峡两岸关系的解冻,台资回流,加上中央政府逐步加大投资,使其经济有所发展。而经济发展的首要因素就是基础设施的修建。两岸三通和省内经济的加速发展都要求加快基础设施建设,这为闽江局提供了广阔的市场。

② 省内资金较充沛。与内地省份相比,由于台资的汇入,省内民间资金极为丰富。中央正在尝试将民间资金和外资引入基建领域,这有助于缓解省政府基建资金不足的困境。

(2)"辐射全国,扩大市场份额"。辐射全国不是盲目铺摊子,而是有选择地向与公司发展历程相关的地区发展业务。问卷调查结果表明持有这种看法者占51.6%。闽江局作为水电开发的服务性施工企业,面对的业主较为分散,不能靠广告促销,更多的是靠自身修建的工程招徕业主。闽江局要真正做到"干一项工程,立一座丰碑;做一次广告,创一个信誉;取一种资质,占一方市场"。闽江局在以往的40年历程中,已走遍了大半个中国,这为闽江局进一步拓展市场奠定了基础,闽江局完全有能力向华东、中南、西南、西北、华北等地区扩大市场份额。

(3)"跨出国门,开发国际市场"。跨出国门的市场战略可按照"东南亚市场—非洲市场—欧美市场"的开发顺序进行。东南亚市场属于新兴发展的市场,基建规模大,市场极具潜力。据问卷调查的结果,有61.3%的职工认为闽江局应该向东南亚地区发展业务。首选东南亚市场有如下好处:

① 地域接近,可节约施工设备的运输成本。

② 关系密切,可减少不必要的国际纠纷。

③ 互补性强,有助于合作。

东南亚的金融危机只是暂时的,而与之合作的前景则是长期的。

其次应拓展非洲市场。非洲市场可先涉足南非和西非部分经济较有起色的国家。南非应是主要瞄准的目标市场,主要理由有:

① 南非打破了多年的种族隔离制度,解决了政治问题,国家发展的重点转向经济建设,建筑市场需求较大。

② 南非本身资源较丰富,是非洲少数几个富国之一,资金渠道广阔,建设资金较充裕。

③ 中南建交后,中南关系达到了新的高度,政治上的亲和倾向有助于经济交流的加强。

上述几点有利于国内企业开拓南非市场,这些情况同样适合于闽江局。

欧美市场是发育完善的市场,城市化进程早,其国内建筑市场相对狭小。但中欧、东欧和南欧等地仍有较大的市场缝隙,一旦这些地区政治上转向平稳,经济建设成为主要任务,对水电开发的需求仍然存在。闽江局可静观变化,待机而动。

(二) 企业视觉形象识别系统(具体设计见 CIS 手册)

1. 企业标志:沿用原有的标志

(1) 标志图案

(2) 标志含义

① M、G 为闽江工程局的简称。意形图为绿色环绕的一座座山峰,寓意闽江局如青山峙立,以及诚信可靠的作风、环保型企业的性质、开放经营的理念。

② S 为水利水电的简称。意形图为江水河流的象征,寓意闽江局的事业如绿水长流,永远造福人类。

③ 标志以绿色为主色,具有环保、高效、稳健的特征。

整个造型稳重厚实,既象征工程局的雄厚实力,也蕴涵着企业业务拓展的稳定坚实。

2. 企业标准色调系统

(1) 主色系统:绿色。问卷中选取此色比例居第二。

(2) 辅助色系统:蓝色。问卷中选取此色比例最高。——表明闽江局服务性环保企业的定位取向。

3. 企业象征图形(吉祥物)

闽江局以"虎"为吉祥物。象征闽江局永远虎虎生机,并具备王者风范,争当行业先导。

4. 视觉形象应用系统

(1) 办公用品系列：采用企业统一标准色、标志和吉祥物。

(2) 广告用品系列：突出宣传企业的定位特色。

(3) 交通工具系列：采用企业统一标志色、标志和吉祥物。

(4) 职工制服系列：根据干部和职工的需要分别制装。

(5) 办公室内布置系列：以明快、简洁、庄重为原则。

(6) 宣传品、礼品设计系列：以雅致、富有内涵为原则。

(三) 企业理念识别系统

1. 企业精神

艰苦奋斗、竞争创新

团结友爱、脚踏实地

这是闽江局40多年形成的，是闽江局精神的真实写照，也是今后要继续维护的企业精神。

2. 经营宗旨

诚信守约、客我双赢

确保质量、超值服务

闽江局打开市场，必须树立双赢理念，善待业主，诚信守约，并在提高科技水平的基础上保证工程质量，提供超值服务。

3. 行动纲领

务实、尽责、履约

信誉、安全、高效

这既是领导者的风格体现，也是规范广大干部、职工行为的统一要求和最高境界。

4. 闽江局宣传标语

• 团结、勤奋、务实、创新

• 实事求是，不尚空谈

• 和为贵，君敬我一尺，我敬君一丈

- 以高度责任心,奉献给闽江事业
- 严谨与宽容兼备,原则性与灵活性结合
- 与人为善,待人以德,助人为乐,成人之美
- 尽心尽力为闽江局的改革、发展和稳定做好工作
- 我与闽江局同荣辱,多为闽江局添光彩
- 提高自身素质,迎接知识经济时代的挑战
- 闽江局要做水电行业的挑战者,丝毫不能懈怠
- 诚信守约善待业主,尽职尽责令业主满意
- 质量至上,服务为先
- 质量是先导,服务为后盾
- 闽江局甘为福建人民做奉献
- 虎跃八闽,闽江升腾
- 闽江局乐为八闽大地添异彩
- 发展水电,开发能源,维护生态,持续发展
- 水电开发事业是充分利用水力资源的绿色环保事业

5. 闽江局业务发展战略思路

面向市场,以水电为龙头,以市政建设为基础,充分发挥技术优势、人力资源丰富的特点,开辟多种经营的新局面。

6. 闽江局市场拓展战略思路

闽江局的市场拓展分三个层圈,在现有业务基础上,首先拓展渗透东南区域市场,进而开发全国大市场,并进一步开发亚洲、非洲、欧洲国际市场。

(四) 企业行为识别系统

1. 全面开展公共关系活动,致力于建立各方关系,树立绿色环保企业形象

(1) 加强与社会各界的联系,争取社会公众的理解与支持。

① 保持与中国水利水电总公司的良好关系,加强联系,赢得领导支持。

② 积极依靠福建省委、省政府,争取其认同,将闽江局纳入省内培植的重点大型企业集团之列,以获取省民待遇。

③ 全面开展对省交通厅、水利厅、电力局、建委、市政局等政府有关部门的公

共关系,以取得支持、建立关系、获取信息、承揽业务。

④ 密切关注省委宣传部及各新闻媒体在不同时期的宣传取向,结合企业的发展战略宣传造势,争取成为各媒体公共宣传的重点。

⑤ 建立、保持与客户之间的良好关系,为客户提供超值服务,以良好的信誉提高企业的美誉度。

⑥ 注重内部公共关系,了解内部各部门及各类员工的需求所在,从大处着眼,从小处着手,发挥内部激励机制,做到人尽其才,才尽其用。

(2) 真诚参与社会公益活动,提高企业的知名度与美誉度。

企业作为社会机体中的一个细胞,不仅要通过搞好一番事业,来承担一份社会责任,而且要密切关注和积极参与社会公益活动,主动承担社会责任。当前闽江局应以环境、教育、道德伦理(简称3E)为重点,以环保活动为核心来开展社会公益活动。

① 参与每年的植树节活动,并多方准备,加大媒体对企业的宣传力度。

② 适时提出"爱护榕树、美化榕城"的倡议,发起治理城市污水、倡导绿色环保活动。

③ 与媒体联合,开展"爱我中华"、"华夏儿女的骄傲"等演讲比赛和实话实说活动,弘扬爱国主义精神。

④ 开展尊师重教活动。选择为企业培养输送人才的、有影响的大专院校,设立"闽工"奖学、奖教基金;发挥业务优势,在业务发展区域内选点,为某些大、中、小学赠送"科学宫"。

(3) 积极开展公共宣传活动,强化企业的形象力与向心力。

① 抓住一切有利时机(如导入CI新闻发布会、工程落成庆典、周年庆典等)造势,邀请各方领导和新闻界朋友参加、报道。

② 举办工程业绩(产品)展览,对内、对外宣传闽江业绩。

③ 举办员工先进事迹报告会、展览会,增强员工的使命感、荣誉感和凝聚力,同时为新闻界的公共宣传提供素材。

2. 精心选用和实施广告策略,宣传企业的服务宗旨

(1) 闽江局广告词:

- 闽江局的工程,是利在当代、造福子孙的工程

• 开创光明前景,提高生活质量

• 托起城乡辉煌,营造舒适环境

(2) 广告标的:以提示性广告为主体。闽江局的服务对象为政府市场这一特殊群体,根据这一诉求对象的特点,选择以提示性的软体广告为主。软体广告是指多制造新闻点,经媒体进行新闻或专题报道,而扩大对闽江局的宣传。这样做的好处:

① 提高闽江局的知名度、信赖度和美誉度。

② 费用低廉,节约开支。

③ 宣传效果好,能起潜移默化的作用。

(3) 广告内容:以发展水电事业,保护地球生态环境为重点,多做公益广告。鉴于闽江局的企业特点,多做公益广告,少做一般商业广告更有利。公益广告制作始终抓住环保主题,如:

• 人类与自然和谐相处

• 保持生态平衡

• 坚持可持续发展

• 节约资源,减少污染

• 水电开发可利用水力资源,避免环境污染

• 水电开发是反复利用水力再生资源的有效举措

(4) 广告媒体的选择:要以经济、实效为原则。多作路标、灯箱广告,充分利用机场、火车站和高速公路的醒目处,竖起巨型路标灯箱广告,以宣传闽江局。

(5) 广告诉求主题:应注重施工成果的宣传。事实是最有说服力的,将施工成果展示在公众面前,可收到令人信服的效果。

3. 严格规范内部管理,重塑企业精神风貌

(1) 全面落实企业理念,营造优秀的企业文化氛围。

① 形成以人为本的企业文化氛围。提倡尊重知识、尊重人才,重视科学技术,注重培养人、关心人、择优用人,形成以人为本的现代科学管理气氛。

② 举办各层次的企业发展战略研讨班,鼓励全体员工为落实企业理念献计献策。

③ 开展"从我做起,全面落实企业理念"的自我规划活动,将企业理念落实到

每个员工的日常工作之中。

(2) 全面修订和健全各类规章制度。其中重要的制度包括:领导干部廉政建设制度、干部学习培训制度、干部择优遴选制度、技术人员深造培养制度、职工考评奖励制度、承揽工程管理制度、局处承包管理制度、工地施工管理制度、财务制度等。

(3) 企业员工行为规范系统。

① 职工礼仪:坚持礼貌待客,谈吐文雅,行为文明。

② 职工着装:根据干部和职工的工作需要分别统一着装。

③ 素质培训:对职工区分不同情况分别进行素质培训。

④ 技术提高:全面推行技术岗位培训和等级达标管理。

⑤ 职工管理:强调遵守规章制度,团结亲和。

五、闽江局导入 CI 系统的实施方案

(一) 组织机构

(1) 导入 CI 系统领导小组。由闽江局主要领导牵头,成立闽江局导入 CI 系统领导小组,全面负责 CI 战略的贯彻、实施工作。

(2) CI 办公室。抽调部分骨干成立 CI 办公室,负责 CI 战略实施的检查落实和日常工作。

(3) 导入 CI 系统顾问组。由联合策划组担任闽江局导入 CI 系统顾问组,协助领导小组工作。

(二) 实施推广程序

(1) 召开新闻发布会,宣传闽江局导入 CI 系统、重塑企业形象的举措。

(2) 系统培训。部门经理 CIS 研讨班;各部门 CIS 研讨班;员工礼仪训练;技能、素质培训。

（3）战略计划的制订及实施。企业业务发展战略；市场拓展战略；广告、公关宣传计划；各部门战略计划；个人规划。

（4）各类规章制度的制定和落实。

(三) 导入 CI 系统实施推广活动的内容及安排(见表3)

表3　闽江局导入 CI 实施推广活动进度表

序号	活　动	起止时间	负责人
1	CI 策划文案及 CIS 手册的策划与制作	1998.11~1999.9	联合工作组
2	导入 CI 系统新闻发布会	1999.10	CI 领导小组
3	CIS 研讨班	1999.10~1999.12	CI 领导小组、策划组
4	视觉应用系统制作(含广告牌)	1999.5~1999.10	闽江局
5	企业发展战略研讨	1999.10~1999.12	闽江局
6	规章制度修订	1999.10~1999.12	闽江局
7	员工礼仪及素质培训	1999.12~2000.1	策划组
8	外部关系的建立与联系制度落实	1999.9~	闽江局有关部门
9	外部公益活动计划与实施	1999.10~2000.12	闽江局有关部门
10	公共宣传活动计划及实施	1999.10~2000.12	闽江局有关部门
11	岗位培训及达标考核	2000.1~2000.12	闽江局有关部门
12	"从我做起"活动计划及考核	1999.12~2000.12	闽江局有关部门

附录 商务策划书参考案例

市场营销类

1. 佳洁士牙膏营销策划书

   网址：http://wenku.baidu.com/view/c41ba0fbf705cc17552709cb.html

2. 联想电脑科技有限公司产品市场营销策划书

   网址：http://wenku.baidu.com/view/2333a80bbb68a98271fefad4.html

房地产营销类

1. 大连世纪经典大厦项目营销策划书

   网址：http://wenku.baidu.com/view/984e0f08bb68a98271fefab0.html

2. 龙光宝安项目营销推广策划书

   网址：http://wenku.baidu.com/view/d3245ddaad51f01dc281f143.html

楼书、宣传手册类

1. 侨亚颐乐园楼书设计创意策划

   网址：http://wenku.baidu.com/view/24eb701959eef8c75fbfb38b.html

2. 《融品》宣传手册策划方案

   网址：http://www.bainaben.com/wenan/RongPin_XuanChuanShouCeCeHuaFan-gAn/

广告策划类

1. NIKE广告策划书

   网址：http://wenku.baidu.com/view/286811d728ea81c758f578ea.html

2. 中国移动通信企业形象广告策划书

   网址：http://wenku.baidu.com/view/a02c2ae96294dd88d1d26b07.html

品牌推广类

1. 中国第一风雅古城——扬州旅游品牌策划

   网址：http://www.emkt.com.cn/article/449/44961.html

2. "王老吉"的营销策划书

   网址：http://www.doc88.com/p-674874568149.html

项目招商类

1. 北京百荣世贸商城招商策划书

   网址：http://bbs.ynhouse.com/bbs/thread-10596-1-1.html

2. 盛泽·东盛步行街招商策划报告

   网址：http://www.doc88.com/p-900594955168.html

会展策划类

1. 增城首届汽车展销会策划案

   网址：http://wenku.baidu.com/view/a468ee36eefdc8d376ee3255.html

2. 春熙巴黎·花样人生——非常艺廊·雅居春季嘉年华会

   网址：http://www.brandwz.com/ShowNews.aspx?ID=715

公关活动类

1. 聚鑫荣名优特产品商业街开盘活动策划提案

   网址：http://wenku.baidu.com/view/f3613b8ecc22bcd126ff0c89.html

2. 某超市夏季公关活动策划方案

   网址：http://www.cswhy.com/shtmlnewsfiles/ecomnews/634/2011/20116222333878277.shtml

网络策划类

1. 上汽销售总公司网站策划方案

   网址：http://www.zhongsou.net/%E5%B9%BF%E5%91%8A%E8%A1%8C%E4%B8%9A%E7%BD%91/news/14683436.html

2. 南大苏富特苏州园区公司网络方案书

   网址：http://wenku.baidu.com/view/ff4a3c350b4c2e3f5727635d.html

游戏策划类

1. 大型网络游戏《一统三国》策划

   网址:http://www.docin.com/p-189781223.html

2. "抢福"游戏策划案

   网址:http://www.docin.com/p-223420359.html

创业类

1. 摩村淘宝网店创业策划书

   网址:http://www.redocn.com/company/1003588/news/17388.html

2. 咖啡书吧创业策划书

   网址:http://wenku.baidu.com/view/9603e7f79e31433239689371.html

CI 导入策划类

1. 江西天安灯饰总汇有限公司 CI 策划书

   网址:http://wenku.baidu.com/view/8fc4ba87b9d528ea81c77997.html

2. 华硕公司形象策划书

   网址:http://hi.baidu.com/hbjhpu/blog/item/675952efce6daafeb2fb95b2.html

媒体节目策划类

1. 我型我秀节目品牌推广策划书

   网址:http://wenku.baidu.com/view/490871f90242a8956bece423.html

2. 风云人物访谈栏目策划方案

   网址:http://wcnku.baidu.com/view/54ee4f02bed5b9f3f90f1cf3.html

婚礼活动策划类

1. 某先生与某女士婚礼策划

   网址:http://www.doc88.com/p-991291024843.html

2. 2011 年清城区国庆节集体婚礼活动策划方案

   网址:http://wenku.baidu.com/view/ceb9604ff7ec4afe04a1df84.html

参 考 文 献

[1] 雷鸣雏.顶尖策划[M].北京:企业管理出版社,2000.

[2] 王怡然,沈超,钱幼森.现代饭店营销策划与案例[M].沈阳:辽宁科学技术出版社,2001.

[3] 约翰·韦斯特伍德.怎样策划营销方案[M].长春:长春出版社,2001.

[4] 张中人,汤文华.商务策划·调查·广告文案格式与范例[M].广东:广东经济出版社,2001.

[5] 史宪文.OK策划决策模式[M].长春:长春出版社,2001.

[6] 叶万春,万后芳,蔡嘉清.企业形象策划:CIS导入[M].辽宁:东北财经大学出版社,2006.

[7] 佚名."王老吉"的营销策划书[EB/OL].[2011-09-10].http://www.doc88.com/p-674874568149.html.

[8] 邹陶嘉.中国第一风雅古城:扬州旅游品牌策划[EB/OL].[2010-01-06].http://www.emkt.com.cn/article/449/44961.html.

[9] 佚名.龙光宝安项目营销推广策划书[EB/OL].[2011-08-11].http://wenku.baidu.com/view/d3245ddaad51f01dc281f143.html.

[10] 佚名.春煦巴黎·花样人生:非常艺廊·雅居春季嘉年华会[EB/OL].

[2007-09-07]. http://www.brandwz.com/ShowNews.aspx? ID=715.

[11] 孙冰.济宁水泥市场开发企划案[EB/OL].[2010-08-23]. wenku. baidu. com/view/62a838ea551810a6f52486a3.html.

[12] 姜兰剑、赵紫宸."古汉养生精"上海市场营销策划案[EB/OL].[2002-12-23]. http://www.emkt.com.cn/article/90/9065-4.html.

[13] 屈云波.长城计算机市场营销企划书[EB/OL].[2011-08-22]. http://wenku.baidu.com/view/7d146685bceb19e8b8f6bac3.html.

[14] 佚名.我型我秀节目品牌推广策划书[EB/OL].[2010-08-03]. http://wenku.baidu.com/view/490871f90242a8956bece423.html.

[15] 佚名.盛泽·东盛步行街招商策划报告[EB/OL].[2011-10-20]. http://www.doc88.com/p-900594955168.html.

[16] 佚名.增城首届汽车展销会策划案[EB/OL].[2011-09-26]. http://wenku.baidu.com/view/a468ee36eefdc8d376ee3255.html.

[17] 佚名.江西天安灯饰总汇有限公司CI策划书[EB/OL].[2011-09-04]. http://wenku.baidu.com/view/8fc4ba87b9d528ea81c77997.html.

[18] 佚名.NIKE广告策划书[EB/OL].[2011-05-30]. http://wenku.baidu.com/view/286811d728ea81c758f578ea.html.

[19] 佚名.大型网络游戏《一统三国》策划[EB/OL].[2011-04-24]. http://www.docin.com/p-189781223.html.

[20] 刘晓敏.营销案例回顾:"童锌"[EB/OL].[2010-12-21]. http://www.qw168.com/news/show.php? itemid=5761.